Annette Mierswa · Not your Girl

Bisher von Annette Mierswa im Loewe Verlag erschienen:

Instagirl
Not your Girl

Annette Mierswa

NOT YOUR GIRL

Loewe

Für alle *verwundeten KriegerInnen*

978-3-7432-0478-2
1. Auflage 2019
© 2019 Loewe Verlag GmbH, Bindlach
Umschlagfotos: © Iablonskyi Mykola/shutterstock.com,
© iunewind/shutterstock.com, © Milan M/shutterstock.com
Umschlaggestaltung: Ramona Karl
Redaktion: Cara Berg
Printed in the EU

www.loewe-verlag.de

»Ein Nein zerstört die Harmonie, aber es rettet die Würde.«

Kathrin Spoerr, Journalistin,
Die WELT, #mehrmut!, 2017

1

Was kann ein hässliches Biest tun, um sich etwas Würde zu erkämpfen?

Es kann nichts tun, solange es ein Biest ist und niemand es liebt.

Es bleibt ihm nur, einen Schutzwall um sich zu errichten, damit keiner herankommt und es noch mehr verletzt.

Und es kann sich verkleiden, das Kostüm einer wunderschönen Prinzessin anziehen und roten Lippenstift auftragen. Aber es muss aufpassen, dass das Kostüm nicht aufplatzt und man sehen kann, wie hässlich es dahinter ist. Das wäre das Ende.

2

»Ich bin Tinka und kann perfekt die Zähne zusammenbeißen. Eiskaltes Wasser, Schlangen, schwindelnde Höhen ... ich bin dabei. Ausziehen ist auch kein Problem. Du sagst ja, dass es dazugehört, wenn man Erfolg haben will. Meine Beine sind endlos lang und ich messe ganze 180 Zentimeter. Es gibt nur einen einzigen kleinen Fehler: Ich bin noch nicht 16. Das nervt abartig. Ich fühl mich wie lebendig begraben und warte darauf, dass die sinnlose Zeit verstreicht und ich endlich aus der Gruft darf. Ich möchte mein *Unwesen* treiben, endlich das Leben feiern, machen können, was ich will. Mein erstes Mal hab ich wahrscheinlich im *Ixclub*, mit einem muskulösen, erfahrenen und verdammt gut aussehenden Fremden, der mich hochstemmt und zu den Beats von Bushido gegen die Kabinenwand nagelt. Yessssss! Hey, ich bin nicht psycho oder so. Meine Hemmschwelle ist einfach niedriger als bei anderen Mädels. Was denen peinlich ist, macht mir eher Spaß und das Leben bunter.

So zu werden wie meine Mutter wäre das Schlimmste, was mir passieren könnte. Mit 20 heiraten, zwei Kinder kriegen, Häuschen am Stadtrand, vor den Nachbarn das perfekte Eheglück heucheln – langweilig!

Dann lieber Driving-Bed-Shootings in hautfarbener Unterwäsche.

Ich hab mir jede deiner Shows bestimmt zehnmal angesehen. Ich weiß jetzt genau, worauf es ankommt im Business. Ich hab die Zeit genutzt, mich vorzubereiten. Hat sich doch gelohnt, oder? Du willst mich doch nicht ernsthaft zappeln lassen bis ich 16 bin? Diese Warterei ist die Hölle. Und vielleicht bin ich dann ja verbraucht, wabbelig und hässlich. Wer weiß das schon.

Also, ich würd mich jedenfalls anstrengen. Perfektion ist mein Motto. Und ... meine Eltern unterschreiben alles. Daran soll's nicht scheitern.«

»Das ist nicht dein Ernst!« Vivi schob ihre Brille über die Haare. »Du ziehst dich quasi nackig aus.«

»Hey, das ist der Sinn der Sache.«

»Bist du verrückt? Willst du dich im Puff bewerben?«

»Die stehen auf lockere Mädchen.«

»Aber nicht auf Nutten.«

»Mensch Vivi, ich muss irgendwas Ausgefallenes machen, etwas Neues. Sonst bemerkt mich doch keiner.«

»Aber das mit dem ersten Mal interessiert doch da keine Sau.«

»Warum nicht? Die sehen, dass ich Ziele habe und sie verfolge.«

»Ziele? Ich dachte, dein Ziel sei Bo, nicht so ein Perverser in 'ner Disco?«

»Ach Bo, das ist wie auf Justin Bieber warten. Dann geht meine Jugend ungelebt vorüber.« Ich legte einen Handrücken an die Stirn und warf den Kopf dramatisch in den Nacken. Vivi lachte.

»Du solltest besser Schauspielerin werden. Den Clip schickst du jedenfalls nicht ab!« Sie stellte sich vor mich und stemmte die Fäuste in die Hüfte. »Das ist wie eine Einladung zum ...«

»… zum was? Ich find's cool. Ein bisschen crazy, ein bisschen lustig. Ist doch nur ein Bewerbungsvideo. Sonni wird drüber lachen. Vielleicht macht sie ja dann eine Ausnahme. Wenn man gesehen werden will, muss man was riskieren.«

»Du hast echt 'ne Megameise.« Vivi zog lachend an meinem Arm. »Aber dafür lieeeebe ich dich … Das mit dem Perversen musst du wirklich löschen. Das kommt so rüber, als wärst du leicht zu haben. Und deine *Hemmschwelle* ist nur niedrig, wenn du besoffen bist.«

»Zu spät.« Ich hob mein Handy in die Höhe. »Hab's abgeschickt.«

Wir blickten uns fassungslos an, kreischten um die Wette und trampelten auf der Stelle. Dann ließen wir uns auf mein Bett fallen. Vivi starrte an die Decke, wo ein Plakat von einem Laufsteg hing.

»Hoffentlich geht das gut. Sag mal …« Sie drehte sich zu mir um. »Deine Mutter hat doch gesagt, dass sie dafür niemals unterschreiben würde.«

»Stimmt.«

»Und?«

»Ich mache es selbst.«

»Nein.«

»Doch.«

»Das geht nicht gut.«

»Wart's ab. Wenn ich erstmal in der Sendung bin, dann sind sie endlich stolz auf mich und der kleine Schwindel ist vergessen. Außerdem bin ich bis dahin wahrscheinlich schon 16. So, jetzt erzählst du was über mich. Das schick ich dann morgen.«

»Ich? Warum ich?«

»Hab ich doch gesagt: Ich muss auffallen. Und ich werde mich immer wieder in Erinnerung rufen. Sonni soll nachts von mir träumen. Also los!« Ich richtete meine Handykamera auf Vivi.

»Also gut.« Vivi strich sich die Haare glatt und setzte sich aufrecht hin. »Hey Leute, meine Freundin Tinka guckt eure Sendung schon, seit sie laufen kann. Man könnte sagen, sie ist mit High Heels auf die Welt gekommen. Es gibt wirklich keine, die heißer darauf ist, Topmodel zu werden, glaubt mir. Und sie würde ALLES dafür tun, sogar über Leichen gehen.« Vivi wedelte unsichtbare Fliegen weg. »Nein, nein, nicht über Leichen, aber definitiv durch schlammige Sümpfe und über wackelige Hängebrücken. Man könnte meinen, sie sei nur auf dieser Welt gelandet, um bei euch dabei zu sein.«

»Sag, was du an mir gut findest«, flüsterte ich aus dem Off.

»Ah, ja. Also, Tinka sieht nicht nur umwerfend aus, sondern sie ist auch ein echtes Showtalent. Sie stellt sich auf eine Bühne und quatscht über ihr Leben, als sei es das Selbstverständlichste von der Welt. Sie kann ihre Zuhörer fesseln, bringt mich immer zum Lachen und hat einen Haufen toller Ideen. Ihre Eltern lassen ihr alle Freiheiten und ihr Bruder ist übrigens ein Fußballstar ...«

»Halt, stopp!« Ich ließ das Handy sinken. »Du sollst über mich reden, nicht über meinen Bruder, okay? Über meinen Bruder wird schon genug geredet. Alle reden über meinen Bruder: meine Eltern, meine Freunde, die Medien, sogar der Kerl am Kiosk spricht über ihn.« Ich warf das Handy aufs Bett. »Ich will auf keinen Fall, dass die noch mehr über meinen Bruder erfahren. Es geht hier einfach mal um MICH.«

»Hey Tinka, jetzt beruhig dich mal. Wir machen es einfach

nochmal. Ist doch kein Ding. Brauchst ja nicht gleich auszurasten. Also echt. Du könntest doch wirklich mit ihm angeben, oder?«

»Ich brauche meinen Bruder aber nicht, um es zu schaffen. Das hier ist *mein* Ding. Davon braucht die ganze Verwandtschaft nichts zu erfahren. Erst, wenn ich groß rauskomme und in der Show bin, dann ... Was denkst du, wie die glotzen werden. Dads Prinzessin ist plötzlich erwachsen geworden, huch.«

»Deine Entschlossenheit hätte ich gern. Du bist wie eine Silvesterrakete. Die Lunte brennt schon. Das Ding ist kurz vor dem Start und nicht mehr aufzuhalten. Und dann ... Boooom! ... die funkelnde Explosion. Das ist der Glitter, den sie in der Show über dich schütten, wenn du im Finale zur Siegerin gekürt wirst. Und dann bringst du Schönheit und Glamour in die Welt.«

»Vivi ... das ist das Schönste, das ich je gehört habe. Danke.« Ich schlang meine Arme um sie. »Weißt du was, du bist wirklich ein Gottesgeschenk.«

»Und du meine Heldin.« Sie hob meinen Arm in eine Siegerpose.

»Melde dich doch bitte auch an, ja? Wir beide zusammen in der Show ... stell dir das mal vor.«

»Nein danke. Für mich ist das nix. Und es kann ja auch nur eine gewinnen. Ich würde lieber bei Felix gewinnen, wenn du verstehst, was ich meine.«

»Du immer mit deinem Felix. Als gäbe es nichts Wichtigeres auf der Welt als diesen Typen. Wenn du erstmal in der Show bist, dann kannst du jeden haben.« Vivi rollte mit den Augen. »Okay, okay. Du kriegst Felix und ich alle anderen.«

3

»Was treibt ihr da?« Theo kam herein.

»Hey. Anklopfen. Ich bin kein Groupie, bei dem du dir alles erlauben kannst.«

»Locker bleiben, ja?« Theo kam auf uns zu und wuschelte mir durchs Haar. Ich schob seine Hand weg. Er blickte Vivi an. »Hat sie wieder schlecht über mich geredet, mein Lästerschwein?« Er grinste. »Die alte Indianer-Leier?«

»Nein«, sagte Vivi. » Ist aber 'ne gute Idee. Darüber haben wir schon ewig nicht mehr geredet.« Sie stand auf und nahm einen Gürtel vom Garderobenhaken. »Wie war das doch gleich?« Sie wickelte den Gürtel um mich. »Ihr habt sie an den Marterpfahl gefesselt?« Theo stöhnte. »Und Bo hat sie gerettet, weil du sie einfach vergessen hast?«

»Hey, wir waren gerade mal zwölf, Bo und ich, kleine Grünschnäbel.« Er nahm das Stoffpony aus meinem Regal, das Bo mir damals geschenkt hatte, weil er fand, dass ich es mehr brauchte als er, und kickte es abwechselnd mit den Füßen in die Höhe wie einen Fußball.

»Jaha.« Vivi warf den Gürtel auf den Boden. »So klein und unschuldig.« Sie spitzte ihre Lippen. »Und Tinka war sieben, stimmt's?« Ich stand auf, schnappte das Pony und kniff Theo in die Nase.

»Du Giftzwerg«, lachte Theo und nahm mich in die Arme. »Du hast schon immer gut simuliert. Warst schon damals in

Bo verknallt und wolltest von ihm gerettet werden. Ich hab dir also eigentlich einen Gefallen getan.« Er ließ mich los und drückte sich an die Wand, seine Arme hinter dem Rücken eingeklemmt. »Rette mich, Bo. Rette mich vor den bösen Apachen.« Ich lachte und prügelte auf ihn ein.

»Du bist wirklich ein Arsch.«

»Oh ja. Ich bin ein richtig toller Superarsch.« Er streckte mir sein Hinterteil entgegen. Ich gab ihm einen Klaps. »Vorsicht, Schwesterlein, das ist ein *teurer* Superarsch, besser versichert als dieser Palast hier.« Er ging zur Tür. »Übrigens, Bo lässt dich grüßen.« Er drehte sich noch einmal um. »Eloise übrigens auch.« Er grinste. Ich nahm das Stoffpony und warf es gegen die Tür, die er gerade hinter sich schloss.

Das zwischen Theo und mir war so eine Art Hassliebe. Er war ein supercooler Bruder, aber er war tatsächlich auch ein Riesenarsch, dachte immer zuerst an sich selbst und an den Fußball. Er war Profikicker bei St. Pauli. Das kam an allererster Stelle. Und er war mit Donna zusammen, einem Topmodel, das schon erreicht hatte, wovon ich noch träumte. Bo war sein Kindergartenfreund und, seit er mich vor den *Apachen* gerettet hatte, auch mein Held. Alle wussten es, sogar Eloise, seine Verlobte, eine abnormal dünne Brasilianerin, die ihre Augen immer nur halb öffnete, als ob diese Welt unter ihrer Würde wäre. Und alle machten sich darüber lustig, über die kleine naive Tinki, die noch an goldene Einhörner glaubte. Pfff! Das machte ihnen so viel Spaß, dass sie gar nicht bemerkten, dass die kleine Tinki inzwischen der Märchenwelt entwachsen war. Spätestens mit meiner Teilnahme an *Perfect Girl* würden sie das nicht mehr übersehen können.

»Ist Theo bei euch?« Mum steckte den Kopf zur Tür herein.

»Er hat doch gleich ein Spiel und sein Trikot lag hinter dem Sofa.« Sie schwenkte das braun-weiße Shirt durch den Türspalt. Plötzlich hielt sie inne. »Sag mal, hast *du* es da versteckt?«

»Ich? Warum sollte ich?«

»Naja, ... schon gut.« Sie schloss die Tür wieder.

»Hier ist ja heute großer Bahnhof. Gibt's was zu feiern?« Vivi ließ sich aufs Bett fallen.

»Falls es was zu feiern gibt, erfahre ich es jedenfalls als Letzte. Zuerst der Prinz und Thronanwärter Theo der Große, dann König und Königin und dann vielleicht die kleine nutzlose Prinzessin, die immer Lügen erzählt und Dinge versteckt und sowieso an allem schuld ist. Aber die muss ja auch nicht alles wissen, ist ja noch so klein und doof. Hauptsache, sie macht sich hübsch zurecht.« Ich hob mein Shirt hoch und präsentierte Vivi meinen sexy Spitzen-BH. »Den nehm ich mit in die Karibik oder auf die Bahamas oder wo auch immer das Casting für *Perfect Girl* stattfindet.«

»Tinka, die Sendung heißt nicht *Perfect Sexsklavin*.« Sie nahm den Gürtel und ließ ihn wie eine Peitsche knallen.

»Du verstehst einfach nicht, worauf es ankommt.«

»Ach ja? Worauf kommt es denn an?«

Ich zog meine D&G-Brille mit den kleinen Strasssteinchen auf und setzte mich in Pose.

»Ein perfect crazy Blingbling-Girl zu sein, mit einem Hauch Fuckability und 'ner Menge Personality.« Vivi lachte.

»Im Moment hast du vor allem Sockenschussity, mit einer Prise Leck-mich-Überallity.«

4

Manche Fische können ertrinken. Kein Scheiß. Labyrinthfische zum Beispiel. Ich war so ein schillernder Labyrinthfisch, der immer wieder an die Oberfläche kommen musste, um Luft zu holen. Sonst wäre ich erstickt. Mein Sauerstoff war das wilde Leben. Das trübe Wasser der Langeweile, in dem ich herumdümpelte, brachte mich um. Um nicht zu ersticken, brach ich also aus, so oft ich konnte, schoss an die Oberfläche und saugte das wilde Leben ein.

»Weißt du was das absolut Coolste war, was mich bisher aus der Ödnis dieses Daseins herausgerettet hat?« Ich saß mit Vivi auf dem Klettergerüst unseres Schulhofs und ließ die Beine baumeln.

»Deine Kindergeburtstage?«

»Du Huhn. Nein, unsere Spritztour mit Bo und Theo.«

»Puh ... Ich hab so gekotzt.«

»Ich auch, aber davor war's der *Hammer*.« Drüben bei den Mülltonnen standen Sami und Rapha, zwei Typen aus der Oberstufe, und verteilten etwas an ein paar andere Schüler.

»Davor? Du meinst wahrscheinlich nicht den ersten Teil des Abends: die Party von unserem Sonnenscheinchen hier?« Sie nickte in Richtung Sami.

»Nein, sicher nicht. Obwohl die Trinkspiele auch ganz nice waren.«

»Bäh. Ich musste Rapha küssen.«

»Und ich durfte Samis Hemd ausziehen …« Er schien zu bemerken, dass wir über ihn redeten und blickte immer wieder in unsere Richtung.

»Aber dann bist du umgekippt.«

»Zum Glück. Sonst hättest du nicht Theo angerufen.«

»Mann, war der sauer, musste selbst 'ne Party verlassen, um dich wiedermal aus der Scheiße zu fischen.«

»Ach, der feiert genug. Aber dass sie mit den Motorrädern gekommen sind und ich bei Bo hintendrauf sitzen durfte, auf seiner Kawasaki … Das werde ich NIEMALS vergessen. Da war Bo noch nicht mit Eloise zusammen und ich konnte mir immerhin für 20 Minuten einbilden, dass ich nun im Himmel wäre. Er hatte selbst drauf bestanden, dass ich meine Arme um ihn schlinge.« Ich blickte Vivi an. »Ich hab mich zu Hause gefühlt. So frei und sicher zugleich. Der Wahnsinn.«

»Bis du tatsächlich zu Hause warst.« Vivi senkte die Stimme. »Und ich … kann mich nicht erinnern, dass ich mich jemals irgendwo zu Hause gefühlt habe.«

Vivi hatte einen Säufervater, der sogar prügelte, wenn er nicht bei Sinnen war. Und ihre Mutter war früh abgehauen und hatte sie zurückgelassen. Ne richtige Scheißbio. Sie wusste zwar von der Onkel-Freddy-Sache, aber dennoch war immer unausgesprochen klar zwischen uns, dass ich mehr Glück gehabt hatte als sie. Es kam mir vermessen vor, mich zu beschweren und so schluckte ich die ganze Scheiße herunter, zupfte mein Prinzessinnen-Kostüm zurecht und setzte meine Alles-ist-gut-Maske auf. Nur manchmal brach unerwartet der Giftstachel durch die Nähte, wenn das Biest, das in mir wohnte, Überhand gewann. Und das waren die Momente, in denen ich mich selbst hasste.

Meine Eltern hatten nach der Party nicht viel gesagt, weil ich so gut in der Schule war und weil sie ohnehin nicht ahnten, was ich trieb. Aber wenn sie gewusst hätten, *wie* wild mein wildes Leben war, hätten sie mich wahrscheinlich an die Kette gelegt und einen Exorzisten geholt. Dass ich noch Jungfrau war, ahnte in der Schule jedenfalls keiner, nur Vivi wusste Bescheid.

»Vivi?«

»Hm?«

»Ist es normal, mit 15 noch keinen Sex gehabt zu haben? Oder stimmt was nicht mit uns?«

»Total normal«, sagte Vivi, »wir haben noch Zeit ohne Ende. Sollte schon mit *dem Richtigen* sein.«

In *der* Beziehung lebte sie hinterm Mond. Dabei war sie eine getarnte Granate, brauchte nicht mal einen Push-up, so vollkommen waren ihre Brüste. Dagegen war bei mir Wüste. Sie hätte jeden haben können. Aber sie stand nur einzig und allein auf Felix. So einer von den lieben, netten Langweilern. Sah zwar gut aus, aber das war's auch schon. Die beiden könnten schon längst ein Paar sein, aber offensichtlich traute sich keiner, den Anfang zu machen. Und ich forcierte das auch nicht, denn Vivi ging mit mir auf alle Partys und passte auf mich auf, wenn ich völlig hacke war, anstatt mit Felix Händchen zu halten. Sie hatte mich schon aus so manchen Vorratskammern und Gartenhäuschen herausgezogen. Sonst hätte ich »es« wahrscheinlich schon hinter mir gehabt. Allerdings wäre so ein wodkaseliges Blackout wäre bei meiner Scheißangst vor dem *verdammten ersten Mal* bestimmt hilfreich. Sollte ja wehtun. Und ich wollte natürlich richtig gut sein und erfahren wirken. Deshalb die Idee mit dem fremden

Typen in der Disco. Wenn dabei was schiefging, würde es in der Schule niemand mitkriegen und die leidige Sache wäre abgehakt. Vivi sagte, sie fände das pervers. Aber genau das wär ich ja gern gewesen, denn es klang nach viel Spaß und irgendwie auch erwachsen. Beim Nacktshooting käme so ein Hauch *Fuckability* bestimmt auch gut. Die Fotografen in der Show standen darauf. Dabei träumte ich arglos von *Prinz* Bo, für den ich wohl immer das kleine siebenjährige Mädchen bleiben würde, das er vom Marterpfahl gerettet hatte, und bekam rote Flecken im Gesicht, wenn Sami mich nur ansah. Die einzige Möglichkeit, den Blicken heißer Kerle standzuhalten, war, mir die Kante zu geben. Ohne Vorglühen ging gar nichts.

»Hey Schönheiten.« Sami stand plötzlich vor uns, die Hose hing ihm im Schritt, unter dem T-Shirt zeichneten sich gut trainierte Muskelpakete ab und seine haselnussbraunen Augen leuchteten wie kleine Wärmestrahler.

»Hi.« Ich war stocknüchtern und bemüht, die Balance zu halten.

»Samstag steigt bei mir eine Porn-Party. Kommt ihr?«

»Ne Porn-Party?« Vivi hatte ihren Gouvernantenblick aufgesetzt. »Was soll das denn sein?«

»Lass dir was einfallen, Chica.«

»Dreht ihr 'n Filmchen oder was?« Sami lachte.

»Gute Idee. Aber es soll eher 'ne Kostümparty werden. Für Filme wäre ich aber auch zu haben.« Er zwinkerte eindeutig.

»Nee, lass mal stecken.« Vivi hüpfte vom Klettergerüst und zupfte am Bund seiner Hose. »Oh, hast du dein Kostüm etwa schon an?« Sami hielt Vivis Hand fest.

»Kannst es wohl nicht mehr erwarten, oder? Also, überlegt es euch.« Und damit zog er ab. Vivi verdrehte die Augen.
»Was für ein Arschloch.« Ich sprang neben sie.
»Aber ein heißes Arschloch.«
»Oh Tinka, nicht dein Ernst, oder? Du willst doch da nicht hingehen! Die Typen wollen sich doch nur an uns aufgeilen. Also da mach ich nicht mit.« Ich holte ein Fläschchen Desinfektionsmittel aus der Hosentasche und rieb mir die Hände ein.

»Blödsinn, Sami ist okay. Der klopft zwar hohle Sprüche, aber ich finde, er ist das Beste, was unsere Schule aktuell zu bieten hat. Hast du ihm mal tief in die Augen gesehen? Die sind der Wahnsinn. Komm schon. Ich brauch doch jemanden, der auf mich aufpasst.«

»No way.« Sie nahm mir das Fläschchen aus der Hand und hielt es hinter ihren Rücken, während ich versuchte, es zurückzubekommen. »Hör doch mit diesem Quatsch auf. Er hat dich ja nicht mal berührt.«

»Aber beinah.« Ich wusste selbst, wie bescheuert das klang, aber *ein* schmutziger Gedanke reichte, die Ahnung eines pikanten Körperkontakts, und ich musste dagegen anwischen, gegen all das Schlechte, das herausquoll. Panisch angelte ich nach dem Fläschchen.

»Sorry«, sagte Vivi und gab es mir zurück.

5

Tinkilein, im Kühlschrank ist noch Kartoffelgratin und ein Tofuschnitzel. Ich hab dich lieb. Mum

Ich knüllte den Zettel zusammen und zielte auf einen offenen Topf, der noch dreckig im Abguss stand. Dann nahm ich mir einen Apfel und stieg die Treppe hinauf in den ersten Stock, wo Omimi bis vor Kurzem gewohnt hatte. Sie fehlte fürchterlich. Ihre zauberblauen Augen, ihre Pfirsichhände, und auch ihr Plüschmuseum fehlte. Es fehlte einfach alles von ihr. Wie immer zählte ich die Stufen, als ich hinaufging, 16 waren es. Und auf jeder einzelnen Stufe hielt ich kurz inne und berührte die jeweilige Sprosse des Geländers. Mein spezielles Omimi-Gedächtnis-Ritual. Mum nannte es einen *Tick*, wie sie fast alle meine Rituale, die sie nicht verstand, einen Tick nannte. Und Dad schwenkte dazu kaum merklich den Kopf, aber deutlich genug, um mir zu signalisieren, dass irgendetwas bei mir schiefgelaufen sein musste und die Sorgen ihn lähmten.

Omimi hatte mittags immer gekocht, das beste Essen der Welt. Jetzt war sie tot und aus dem Plüschmuseum hatte Mum im Nullkommanix ein kleines Fitnessstudio gemacht. War zwar extrem cool, ein eigenes Fitnessstudio, aber das Plüschmuseum fehlte mir entsetzlich. Und Omimi natürlich. Sie war auch die Einzige gewesen, die mir geglaubt hatte, damals, als das mit Onkel Freddy passierte. Die Einzige! Mum hatte mich für eine Dramaqueen gehalten, Dad hatte so getan, als wäre nichts gewesen und in seine Zeitung geblickt und Theo einfach davon geredet, wie gut Onkel Freddy Fußball spielen könne. Damit war das Thema vom Tisch. Omimi hatte mich in den Arm genommen und ihren Rosenduft verströmt. Sie hatte gesagt, dass es fürchterlich sei, Onkel Freddy nicht recht gehandelt habe und ich immer zu ihr kommen könne, wenn es mir schlecht ginge. Und das habe ich auch gemacht, jahrelang. Omimi und ihr Plüschmuseum waren meine Höhle gewesen, in der ich alles sein durfte, in der ich meine Unvollkommenheit zeigen konnte und in der ich keine Schuld an irgendetwas hatte. Und jetzt war dieser Ort ein steriles Fitnessstudio mit Hightech-Stepper, Laufband und Speedbike geworden, ein seelenloser Raum. Ich setzte mich auf das Rad, trat wütend in die Pedale und aß nebenbei den Apfel. Die Fettpolster an meinen Oberschenkeln mussten weg. Das nächste Video für Sonni wollte ich im Bikini drehen. *Ihr müsst hart werden, ich will nichts schwabbeln sehen*, hatte sie ihren Mädchen in der letzten Staffel von *Perfect Girl* gesagt. Es fehlte nicht mehr viel, aber noch war die Lücke zwischen den Oberschenkeln zu klein. Ich trat in die Pedale wie eine Verrückte. Wenn ich es in die Show schaffen sollte, dann würde ich alles geben, denn *wer nicht alles geben kann, geht unter*. Mein Magen knurrte und ein Knöchel tat weh. *Nicht drüber nachdenken. Scheiß auf den Schmerz.* Ich würde es schaffen.

Der neue Bikini war ein Hauch von Nichts. Ich schlüpfte in die High Heels und übte den *Walk*: Zuerst den Kopf drehen, den Blick starr geradeaus und dann erst den Körper folgen lassen. Ich knickte um. Verdammt. Der Knöchel schmerzte noch mehr. *Scheiß auf den Schmerz.* Ich stand wieder auf und begann von Neuem. *Üben, üben, üben.* Als ich mich sicherer fühlte, baute ich die Handykamera auf und leuchtete den Pseudo-Laufsteg in meinem Zimmer aus. Dann ging es los: Füße voreinander, Kopf, Blick, und rum. Nach zwei Runden blieb ich stehen und sah in die Kamera, mit diesem stechenden Blick, den ich geübt hatte.

»Hi, Sonni, da bin ich wieder. Den *Walk* hab ich übrigens schon als kleines Mädchen gelernt. Jedes Jahr war das Motto meiner Geburtstagsfeiern *Perfect Girl*. Meine Mum hat dich gespielt und uns Aufgaben gegeben. Der *Walk* war die erste, dann durften wir aus einem Berg Klamotten etwas aussuchen und uns damit präsentieren. Als Nächstes kam ein Shooting mit Plüschschlangen und Plastikratten und am Ende wurde getanzt und Konfetti geworfen. Manchmal gab es auch eine Schmollmund-Challenge. Mein Vater hat den Bradley gegeben, den Starfotografen. Er hat uns angefeuert und schließlich eine Diashow der Bilder auf der weißen Wohnzimmerwand präsentiert, während die Eltern, die zum Abholen kamen, mit einem Glas Prosecco in der Hand die Jury spielen sollten. Natürlich gewannen alle zusammen, war ja ein Kindergeburtstag und wir waren Freundinnen. Aber ich werde nie vergessen, wie mein Dad mich auf den Schoß nahm, wenn alle gegangen waren, und mir weitere Fotos von mir zeigte. Er sagte: *Du bist einfach die Schönste von allen. Wenn ich diese Bilder gezeigt hätte, wären die anderen Mädchen traurig geworden, weil sie gesehen hätten, dass keine so schön ist wie du.* Und dann war ich sein *Topmodel of the year*. Er hat natürlich furchtbar übertrieben, aber so ist er nun mal. Ich hab mich einfach großartig gefühlt und damals schon beschlossen, dass ich zu dir will, dass ich dieses tolle Gefühl immer wieder haben möchte. Fünf Staffeln haben wir geschafft, bevor es schwierig wurde. Dann fingen wir an, uns ständig zu vergleichen. Manche Mädchen blieben klein, andere bekamen ein breites Becken oder ein Bäuchlein, eine große Nase oder dicke Oberschenkel. Und meine beste Freundin bekam pralle Möpse. Die sind toll, aber ich glaub, nur bei italienischen Models gefragt, oder? Melde dich bitte, Sonni. Ich werde ALLES geben.«

6

»Ich sag nur Hodenhagen.« Vivi nahm die Hände über den Kopf und ging in Deckung.

»Du Miststück.« Ich gab ihr lachend einen Klaps. »Hätte ich es dir bloß nie erzählt. Wehe Sami erfährt davon …« Ich blickte auf mein Handy. Er hatte mir die Einladung nochmal per Whatsapp geschickt. Dazu ein Foto von einer Giraffe mit Lippenstift. *Für die Schönste*, stand darunter.

»Ist doch cool. Wer kann schon sagen, dass er in einem Safaripark geboren wurde.«

»In einem *deutschen* Safaripark? Sehr cool, wirklich. Für Sami die beste Vorlage, um fortan in jeden Satz *Hoden* einzubauen. *Hey, Hoden Tag, Tinka, hast du Lust auf Hoden on the rocks? Nein? Hoden nochmal, wie schade.*« Ich stand breitbeinig in Mackermanier vor Vivi und schwenkte mein Becken vor und zurück, während sie sich lachend auf mein Bett fallen ließ.

»Okay, okay, ich komm mit auf Samis *Porn-Party*. Aber ich zieh mich normal an.« Sie streckte einen Finger in die Luft wie meine Mum, wenn sie mir drohen wollte, mich einzusperren, falls ich zu spät nach Hause kommen sollte. »Und ich werd nix trinken. Nur Coke.«

»Uähhh. Vivi. Nicht dein Ernst. Wenigstens einen Hugo, komm schon.«

Sie schüttelte energisch den Kopf.

»Ich muss doch auf dich aufpassen.«

»Du klingst wie ein prüdes Kindermädchen. Hab doch einfach Spaß.«

»Ich find's viel spaßiger, euch zuzusehen, wie ihr euch alle zu Affen macht. Wie im Zoo, mit kostenfreiem Eintritt. Oder besser: im Safaripark. Ihr lauft ja immerhin frei herum.«

»Wie du willst.« Ich blickte wieder auf mein Handy, vergrößerte Samis Profilbild und machte einen Screenshot von seinen Haselnussaugen. »Kommst du nachher mit shoppen? Ich brauch noch Strapse oder so etwas.«

»Ich kann nicht, hab noch eine Verabredung.«

»Mit?«

Vivi wurde rot und wandte den Kopf ab.

»Nein.«

»Doch. Er hat mich ins Kino eingeladen.«

»Ich fass es nicht. Das erzählst du jetzt erst?«

»Ich will dazu keine blöden Sprüche von dir hören, ja?«

»Welcher Film denn?«

»*Das schönste Mädchen der Welt.*« Ich schrie auf.

»Dann ist ja alles klar. Ruf mich später an, ja?«

»Tinkilein?« Mum drückte die Klinke herunter. »Hast du schon wieder abgeschlossen?«

»Ja, ich hab Angst vorm bösen Wolf.« Ich zwinkerte Vivi zu. »Und nenn mich nicht immer Tinkilein. Ich bin schon im gebärfähigen Alter.«

»Na, dann kannst du ja auch etwas mehr Verantwortung übernehmen, die Geschirrspülmaschine ausräumen und die Wäsche aufhängen.«

»Welches Geschirr? Ich ess direkt aus der Plastikverpackung, wenn ich deine edlen Menüs aus der Mikrowelle hole.«

»Tut mir leid, dass ich kein *Hausmütterchen* bin, sondern Geld verdiene.«

»Omimi dreht sich gerade im Grab rum.«

»Ha. Die hat sich schon *rumgedreht,* als sie noch lebendig war. Und zwar immer genau dann, wenn ich den Raum betreten habe und ihr schlagartig wieder bewusst wurde, dass *ich* ihre Schwiegertochter bin ... Ich muss los, bin erst um elf zurück. Ich hab dich lieb, du kleine Kröte. Dich auch, Vivi.« Ein lautes Schmatzgeräusch und weg war sie.

»Oh Mann.« Ich ließ mich rückwärts auf die Bettdecke fallen. »Immer dieser Haushaltsscheiß.« Vivi blickte traurig zur Tür. »Sorry, war taktlos.« Und schnell die Alles-ist-gut-Maske aufgesetzt. Voilá!

7

Es ist schon fast Mitternacht und du hast mich noch nicht angerufen. Alles klar bei dir? Es kam sofort eine Sprachnachricht.

Ja ... ich, äh, ... ja. Ich ruf dich morgen an, ja? Kann gerade nicht gut reden.

Mitternacht. Vivi konnte gerade nicht reden. Das gab es noch nie. Das konnte nur eins bedeuten. Sie war mit Felix zusammen. Wahooooo! Ich hüpfte im Zimmer herum und freute mich ... kurz. Dann ging es los in der Birne: War sie jetzt so richtig mit Felix zusammen? Was würde nun aus *mir* werden? Brauchte sie mich überhaupt noch? Und würden die beiden womöglich miteinander ...? Oh Gott, vielleicht erzählte sie ihm, dass ich noch nie ... Verdammt ... Nein, das konnte sie doch nicht tun. Oder? Dann hätte ich sowas von verschissen bei den Jungs, wenn sich das rumsprechen würde. Hilfe. Dann könnte ich mich nirgends mehr blicken lassen. Die würden sich die Mäuler zerreißen und bestimmt irgendeinen Scheiß posten. So von wegen: *Alles Fake News. Tinka ist noch 'ne verdammte Jungfrau. Bitch-Level null.* Und so weiter. Ich bekam es mit der Angst, öffnete WhatsApp und schrieb Vivi: *bitte kein Wort!!!!* Dazu diverse Totenköpfe, Messer und eine Bombe. Aber es blieb bei einem blassgrauen Häkchen. Sie hatte das Handy ausgeschaltet.

8

Meine Eltern waren schon auf dem Weg zur Arbeit, als Vivi vor der Tür stand, um 7:30 Uhr morgens. Sie sah aus wie eine erblühende Rose, wunderschön. Ihre grünen Augen glänzten wie Morgentau auf Sommergras und blickten weit geöffnet in eine vollkommene Welt. Sie lächelte, wie Donna manchmal lächelte, sinnlich und ganz und gar unschuldig zugleich.

»Du brauchst nichts zu sagen.« Ich drückte sie fest an mich und fühlte gleichzeitig eine tiefe Traurigkeit, so, als hätte ich sie verloren, als würde sie nun einem anderen gehören. Sie gab mir einen Klaps auf den Arm.

»Wie kannst du nur denken, dass ich etwas über dich ausplaudern könnte? Du bist meine Freundin!«

»Mir erzählst du ja auch alles.«

»Ja und? Ist Felix meine beste Freundin oder was?« Sie schob sich an mir vorbei ins Haus.

»Dann erzähl mir doch mal, was er ist.« Ich folgte ihr in mein Zimmer. Sie ließ sich auf mein Bett fallen und seufzte glücklich. »Ja, genau das hab ich mir gedacht.« Ich schlang meine Arme um meinen Oberkörper und tat so, als würde ich einen Typen küssen. Dann zog ich langsam mein Nachthemd aus und schleuderte es durchs Zimmer. Vivi kugelte sich auf dem Bett herum und lachte.

»Wie kommst du darauf?«

»Dein Gesicht ist ein offenes Buch.«

»Aha, dann lies mal vor.«

»Nach einer heißen Knutscherei in der letzten Reihe des Kinosaals, zog er sie auf der Herrentoilette an sich und schob ihren Rock hoch. Dabei bedeckte er ihren Hals mit Küssen. Sie seufzte immerzu und spreizte unmerklich die Beine. Er ließ seine Hand unter ihr T-Shirt ...«

»Hör auf.« Vivi lachte. »Du hast ja eine dreckige Fantasie.«

»Was ist daran bitteschön dreckig?«

»Auf 'ner beschissenen Herrentoilette? Hallo? Und es war unser erstes Date. Da lernt man sich doch erstmal kennen.«

»Oh nee. Ihr habt doch nicht etwas die ganze Zeit geredet?«

»Nein.«

»Da bin ich aber beruhigt.«

»Wir haben uns ein paar Mal geküsst«, sagte sie schwärmerisch.

»Was? Das war alles?«

»Es war genau richtig. Und er will jetzt mit mir zusammen sein.«

»Wie süß. Das klingt nach ewiger Treue und so. Gähn! Ich finde ja *life ist too short to date only one man*. Und wie geht's jetzt weiter? Macht ihr als nächstes Petting?« Ich zog meinen BH an und streifte mir ein Top über.

»Hey, sei doch nicht so fies.« Vivi wurde plötzlich ernst. »Nein, er hat mich eingeladen, mit ihm das Wochenende im Häuschen seiner Eltern an der Schlei zu verbringen.«

»Wow. Der geht aber ran.«

»Seine Eltern kommen auch mit.«

»Seine Eltern? Ach du Scheiße ... Hey, da ist doch die Party. Du hast hoffentlich abgesagt.«

»Tinka, ich sag doch nicht ab, wenn der Junge, in den ich

verknallt bin, mich einlädt. Das würdest du auch nicht tun. Ich könnte ja mal fragen, ob du mitkommen kannst. Ich glaube, das Haus ist recht groß.«

»Mit seinen Eltern?« Ich verzog das Gesicht. »Ich verbring doch nicht mein Wochenende mit den Eltern deines Freundes, auch noch in der Pampa. Ich bin froh, wenn ich *meine* Eltern nicht sehen muss. Was macht ihr denn da die ganze Zeit? Monopoly spielen und spazieren gehen? Oder ziehst du dir 'ne Schürze an und übst mit Felix Mutter schonmal den Haushalt zu führen, während die Herren der Schöpfung sich bei einem Cognac über die Weltpolitik unterhalten?«

»Du gönnst es mir nicht, stimmt's?«

»Was?«

»Du gönnst mir nicht, dass ich mit Felix glücklich bin.«

»Spinnst du?«

»Nur weil du auf den heißesten ersten Fick wartest, natürlich mit einem Sexsymbol, und alle Typen ablehnst, die es ehrlich meinen und wirklich nett sind ...«

»Hör auf!«

»Du denkst, du hast immer alles und jeden in der Hand, stimmt's? Das ist aber nicht so. Du machst der ganzen Welt vor, du seist so irrsinnig erfahren und die heißeste Bitch ever, dabei machst du sofort einen Rückzieher, wenn sich ein wirklich netter Junge nähert. Und weißt du warum? Weil du eine Scheißangst hast, dass er dir wehtun könnte. Denn das kann nun mal passieren, wenn man Gefühle zeigt ... Du bist nicht Donna, verdammt. Und das mit Bo ist der größte Hirnfurz von allen. Der ist schon verlobt und interessiert sich nicht die Bohne für Kinder.« Ich starrte Vivi eine Ewigkeit an, sprachlos, völlig überrumpelt. »Sorry«, sagte Vivi leise. Aber ich regte mich nicht, verharrte in stummer Fassungslosigkeit. »Komm schon, Tinka, wir waren beide fies.« Ich konnte sie nicht hören, spulte in meinem Hirn immer wieder die Sätze ab, die sie abgefeuert hatte: *interessiert sich nicht die Bohne für Kinder ... weil du 'ne Scheißangst hast ... machst sofort einen Rückzieher ...* »TINKA, jetzt sieh mich doch an«, flehte Vivi. Ich hörte, wie sie weinte. Aber in mir war alles aus Stein. »Tinka, es hat mir wehgetan, wie du über Felix geredet hast. Ich finde ihn wundervoll. Verstehst du? Da hab ich überreagiert. Und es tut mir leid.« *Weil du auf den heißesten ersten Fick wartest,* hallte es in mir nach. *Du bist nicht Donna.* Ich nahm es wie einen Film wahr, der vor meinen Augen ablief, aber nichts mit mir zu tun hatte. Es war bloß ein Film. Danach würde alles wieder so sein wie zuvor. Nichts hätte sich geändert. Ich schloss mich im Bad ein und duschte. Alles musste abgewaschen werden, die trüben Gedanken, all das Hässliche. Es hatte keinen Platz in der Welt, die ich mir so mühevoll aufgebaut hatte. Ich dachte an Donna. Ich dachte an Sonni. Ich lächelte verzweifelt in den Spiegel, bis ich fast einen Krampf in den Mundwinkeln bekam. Aber das Hässliche war verdammt hartnäckig, bohrte sich durch meine Traumwelt und rüttelte unsanft an mir. Verdammt. Ich war eine ungevögelte, minderjährige Schmierenschauspielerin. Und meine beste Freundin hatte mir diesen beschissenen Spiegel vorgehalten. Es war Zeit, diese aufgepimpte Hülle mit echtem Leben zu füllen. Vivi würde staunen. Und ich müsste endlich keine Angst mehr haben, dass irgendjemand hinter die Fassade schauen könnte. Denn endlich würde ich diese Fassade SEIN.

Als ich die Badezimmertür wieder öffnete, war Vivi verschwunden. Auf meinem Bett lagen bestimmt 50 rote Dinge aus meinem Zimmer zu einem riesigen Herz geformt. Sogar ein paar Äpfel hatte sie aus der Küche geholt und ein Kondom eingefügt. In der Mitte des Herzes lag mein Handy, das leuchtete und mir anzeigte, dass eine Nachricht auf Whatsapp eingegangen war, von Vivi.

Meine liebste süßeste beste Freundin. Es tut mir wahnsinnig leid. Zwei Verletzte sollten nicht gegenseitig in ihren Wunden stochern. Ich weiß, dass du Felix nicht so toll findest, und was du gesagt hast, hat wehgetan. Aber ich hab wirklich bescheuert reagiert. Da muss mich ein Teufel geritten haben. Ich finde dich wundervoll, so wie du bist. Und ich hab dich unendlich lieb. Bitte verzeih mir.

Ich heulte meine ganze Wimperntusche wieder runter und beschloss, die Schule zu schwänzen. In mir kämpften tausend Gefühle gegeneinander und ich musste mal lächeln, mal weinen, mal hasste ich mich, mal verzieh ich ihr, mal mir. Onkel Freddy hatte einen gruseligen Kurzauftritt in meinen Gedanken und eine atemraubende Angst, Vivi zu verlieren, schüttelte mich durch. Ich kuschelte mich in mein Bett, mit Wärmflasche, und sah zwei Folgen *Perfect Girl*, bis ich Vivi eine Antwort schickte:

Ich hab dich auch lieb.

Dann ging es mir endlich besser und ich konnte darüber nachdenken, was ich auf Samis Party tragen wollte. Denn auch wenn Vivi sich entschuldigt hatte, ließen mich ihre Sätze nicht mehr los und ich wollte beweisen, dass ich kein *Kind* mehr war, auf das sie aufpassen musste, und dass ich keinen *Rückzieher* mehr machen würde, wenn sich ein netter Junge näherte. Vorsichtshalber steckte ich das Kondom ein, mit Erdbeergeschmack. Igitt!

9

»Viel Spaß, Prinzessin.« Dad gab mir einen Kuss auf die Stirn. Er konnte nicht ahnen, dass unter dem Trenchcoat seines kleinen Mädchens das sexy Kostüm einer werdenden Frau verborgen war.
»Hab ich.«
»Und grüß Vivi, ja?«
»Hm.«
Im Vorgarten vor Samis Wohnung streifte ich die Jacke ab und zog die Strapse zurecht. Ich hatte mir auf dem Weg schon Mut angetrunken, etwas mehr als sonst, und beschloss, mich großartig zu fühlen. Es war schwer ohne Vivi, mit der ich sonst vorglühte und mich entschieden sicherer fühlte.
»Wow.« Rapha öffnete die Tür und ließ seinen Blick über meinen Körper wandern, als wäre ich eine Erscheinung. »Das ist ja mal ein passendes Kostüm. Sami, komm mal.«
»Hei, hei, heißßßß.« Sami zog mich an sich und gab mir einen Kuss auf den Hals. Ich widerstand dem Impuls, ihn wegzudrücken. Ich hatte mir vorgenommen, der Angst heute keinen Raum zu geben. »Na, dann kann die Party ja starten.« Er zielte mit seinem Handy auf mich, schoss ein Foto und schob mich dann ins Haus. Levi setzte die Bierflasche ab, aus der er gerade getrunken hatte und spuckte die letzte Ladung vor mir aus.
»Meine Fresse, das ist ja mal 'ne heiße Forelle.« Er langte

mir an den Po und ich schlug seine Hand weg. Er lachte und zog einen Fuffi aus der Hosentasche. »Ich zahl auch dafür.«

»Fisch in 'ner anderen Pfütze, du Hobbyangler.«

Sami und Rapha lachten sich halb schlapp und rempelten Levi von beiden Seiten an. Ein Typ, den ich noch nie gesehen hatte, kam dazu.

»Uhhh, ist das eine von den Stripperinnen?« Er ließ einen meiner BH-Träger schnalzen.

»Hier strippt nur deine Würde.« Ich kam richtig in Fahrt. Wodka half immer. Sami schob sich zwischen mich und den Typen.

»Finger weg von der Lady, verstanden?« Der Kerl verzog sich achselzuckend. »Die steht unter meinem persönlichen Schutz.« Er zeigte Levi seinen warnenden Zeigefinger.

»Wo ist eigentlich Vivi?« Rapha blickte an mir vorbei zur offenen Tür.

»Die hatte Verpflichtungen«, versuchte ich, bedeutsam zu klingen.

»Na, da muss ich mich ja besonders um dich kümmern.« Sami zwinkerte Rapha vielsagend zu. Dann hörte ich nicht mehr, was sie sprachen, denn die Beats hämmerten durch die Bude wie Kanonenschläge. Aber die Blicke des Partyvolks entgingen mir natürlich nicht. Und wie die alle glotzten. Wahnsinn. Ich hatte eindeutig das heißeste Kostüm des Abends. Wenn ich es genau betrachtete, waren die meisten mehr oder weniger normal angezogen, um nicht zu sagen: Sie WAREN normal angezogen. Ich blickte Sami und Rapha abwechselnd an, die sich lachend in den Armen lagen. What the fuck …! Es bestand kein Zweifel. Es war eine gottverdammt stinknormale Party. Porn war hier höchstens die nackte vollbusige Tussi auf dem Rokoko-Gemälde über dem Kamin. Die Ärsche hatten mich reingelegt und nun stand ich da wie die größte Idiotin der ganzen verdammten IGS. Wie konnte ich nur so naiv gewesen sein? Da half nur der Angriff nach vorn. Der Alk im Blut würde mir schon helfen und der Poledancekurs, den ich für Sonni gemacht hatte, damit ich den Aufgaben, in denen man *Sexyness* zeigen sollte, gewachsen war. Jetzt konnte ich mein Können unter Beweis stellen. Ich holte den Trenchcoat aus meiner Tasche, nahm noch einen Schluck Wodka, stellte mich auf den Couchtisch wie auf eine Bühne und streifte mir den Mantel tanzend in Zeitlupe über, wobei ich krampfhaft lächelte, als hätte ich das alles genau geplant, eine Art Stripnummer umgekehrt. Es funktionierte. Die Partygäste johlten und klatschten. Sie hielten das Ganze offensichtlich für einen beabsichtigten Showact. Nachdem die Aufregung abebbte, zog ich Sami in eine Nische und bemühte meinen stechenden Blick, für den ich gefürchtet war.

»Hey, du Arsch, ich hab was bei dir gut. Wie wär's, wenn *du* dich jetzt mal zum Affen machst.« Seine Augen blickten mich stumpf an und ich suchte krampfhaft nach einem Grund, warum ich jemals für ihn geschwärmt hatte.

»Komm schon, Chica, war doch 'n cooler Auftritt, solltest uns dankbar sein.« Er umfasste meine Taille und zog mich an sich. Ich drückte ihn weg.

»Ja, bei *Wenn ich du wäre* hätte es gepasst, aber …, das ist die Lösung. Jetzt drehen wir den Spieß mal um und du bist dran.« Ich knöpfte sein Hemd zur Hälfte auf. Sami hielt meine Hände fest.

»Keine Chance, Chica.«

»Oh doch. *Wenn ich du wäre*, würde ich jetzt auch auf diesen Tisch steigen und mein kleines Geschenk hier ...« Ich holte die Wodkaflasche aus der Tasche, die nur noch mäßig gefüllt war, » ... auf Ex kippen.«

Sami lachte. Ich entspannte mich, hatte die Lage wieder unter Kontrolle, knöpfte weiter sein Hemd auf, machte Duckface und klimperte mit den Wimpern. Schade, dass Vivi mich so nicht sehen konnte.

»Okay, okay, weil du's bist, Chica.« Er nahm die Pulle, stellte sich auf das niedrige Tischchen, wippte mit den Hüften und kippte sich unter lautem Gegröle der Partypeople die Brühe rein. Ein paar Jungs feuerten ihn an. Ich nutzte die Gelegenheit und desinfizierte mir schnell die Hände. Dann sprang Sami vom Tisch und zog Rapha und Levi zu mir.

»Unsere Diva hier hat sich einen Joint verdient. Da rein.« Sami öffnete eine Tür und schob mich in einen Raum voller Stoffe. »Das Arbeitszimmer meiner Alten.« Die Wände waren rundherum mit Regalen versehen, die bis unter die Decke mit Stoffbahnen vollgestopft waren. In der Mitte des Raums stand einzig ein sehr großer massiver Tisch. Auf den setzten wir uns. Ich war schon ziemlich hacke und kippte fast vom Tisch. Bisher hatte ich nur einmal an 'nem Joint gezogen, etwas halbherzig zwar, aber immerhin. Viel war damals nicht passiert. Würde schon gut gehen, machte ich mir Mut. Jetzt zu kneifen war keine Option. Das Foto von meinem Outfit ging mir durch den Kopf, das Sami geschossen hatte. Verdammt!

»Türkische Runde.« Sami zündete den Joint an und reichte ihn mir. »Du hältst den Rauch so lange in der Lunge, bis der Joint wieder bei dir ankommt.« Wenigstens waren wir nur vier. Ich zog an der Tüte und reichte an Rapha weiter. Der dann an Levi. Und Levi schließlich an Sami. Mir wurde schon ein wenig schummerig. Aber Sami ließ sich Zeit. Er ließ seinen Blick über uns schweifen und lachte. »Ihr seht aus wie scheiß Goldhamster.« In Zeitlupe führte er den Joint an seinen Mund, sah mich dabei amüsiert an. Kurz bevor ich umkippte, reichte er mir das Ding endlich wieder und ich japste nach Luft.

»Mensch Sami, ich hab doch keine Lunge wie ein verdammter Olympiaschwimmer.« Ich zog schnell wieder an dem Stengel und gab ihn an Rapha weiter, der so tat, als hätte er die Luft noch Stunden anhalten können. Mir wurde angenehm schwindelig und ich hatte plötzlich das Gefühl, am besten Ort der Welt zu sein. Eine wunderschöne Harfenmusik erfüllte den Raum und ich glitt sanft hinüber, ließ mich von den Klängen forttragen in eine Welt geheimnisvoller Schönheit. Mir war mit einem Mal klar, dass diese drei Typen meine besten Freunde auf diesem Planeten waren und ich liebte ihre Visagen, fühlte mich so sehr mit ihnen verbunden, dass ich beinah heulte vor Glück. Ich lehnte mich an Sami und kicherte.

»Hey, Chica, lachen ist auch ausatmen, ausarmen, aussamen.« Sami warf einen Arm um mich und grinste so breit und selig, dass ich kurz dachte, dass er viel schöner als Bo war und überhaupt, dass dieser Mann so perfekt und göttlich war, dass ich nicht mehr verstand, warum ich jemals von Bo geträumt hatte.

»Du bist der Hammer«, hauchte ich. Rapha und Levi kicherten um die Wette. Und dann küsste Sami mich. So richtig. Und ich schmiegte mich an ihn und schnurrte. In meiner Birne surrte ein wildgewordener Schwarm Hummeln, der den Ausweg nicht fand.

»Wenn ich du wäre ...«, sagte Sami mit seiner Wahnsinnsstimme, »würde ich mir das Kleid ausziehen.« Er zupfte am Stoff herum und ich dachte, dass mir ohnehin ziemlich heiß war und ich die Strapse gekauft hatte, damit jemand sie sah, verdammt. Außerdem waren wir ja in sowas wie dem Paradies. Ich kicherte, während ich das Kleid hochschob und die Jungs halfen mir. Fand ich richtig nett. Die Hummeln hatten sich in einen klebrigen Haufen Zuckerwatte verwandelt und der Stoff mit den rosa Blümchen, den Levi aus einem der Regale zog und auf dem Tisch ausbreitete, sah einfach traumhaft aus.

»Ein Porn-Picknick«, fiel Rapha dazu ein und die anderen applaudierten.

»Und ich pflücke dich jetzt«, flüsterte mir Sami ins Ohr. Was war noch gleich Pflücken? Ich kicherte, weil ich mich nicht erinnern konnte, was das bedeutete, Pflücken. Etwas Schönes auf jeden Fall.

»Wenn ich du wäre ...«, sagte Sami wieder, »würde ich das Oberteil auch noch ausziehen.«

Und wieder halfen mir alle drei dabei, aus dem Bustier zu steigen.

»Jetzt ist jemand anders dran«, quiekte ich vergnügt. »Du.« Ich zeigte auf Rapha.

»O.k.«, sagte der, »wenn ich du wäre, Tinka, würde ich jetzt den BH ausziehen.« Irgendetwas erschien mir komisch, aber ich wollte auf keinen Fall eine Spielverderberin sein. Und ich musste gar nichts mehr tun. Die Jungs erledigten alles. Aber als Samis Hände dann plötzlich meine Brüste kneteten, wurde mir schlagartig klar, dass das noch nie jemand getan hatte. Es schien irgendetwas falsch zu laufen. Und wo waren Rapha und Levi auf einmal hin? Eine Hand schob sich in mein Höschen, das aus fast nichts bestand.

»Du bist so heiß«, stöhnte Sami. Seine Hose war plötzlich heruntergezogen. Hatte ich das getan? War es jetzt so weit? Und wollte ich das überhaupt? Sami drückte mich in den Blümchenstoff, der nach Vanille roch, und knetete so fest auf meinem Busen herum, dass ich ihn zu mir herunterzog, damit er mit dem Scheiß aufhörte. Sein heißer Atem stank faulig.

»Sami, hör auf.« Ich kicherte unsicher. »Du musst ...«

»Jaa«, seufzte Sami, »ich muss unbedingt«. Und da spürte ich das harte lange Ding zwischen meinen Beinen und seine Hand, die den Slip herunterriss.

»Warte«, sagte ich schwach.

Aber da glitt sein hartes Ding schon tief in mich hinein und ich spürte einen brennenden Schmerz. Ich dachte noch, dass ich wohl nicht genug getrunken hatte, weil es so wehtat, aber da hielt Sami inne und starrte mich einen Moment lang verwundert an, bevor er wieder zustieß. Es war weder so geil, wie ich mir das vorgestellt hatte, noch hatte ich hier die Zügel in der Hand. Das Paradies verschwamm und der Kronleuchter über uns schien immer näher zu kommen. Meine Knochen donnerten durch den Blümchenstoff auf den harten Tisch, während Sami das Tempo steigerte. Und dann stöhnte er plötzlich auf und sackte über mir zusammen. »Du bist die geilste Schlampe, die ich je gefickt habe.« Die Harfenmusik klang atonal, wie quietschende Autoreifen. Ich schob ihn zur Seite und japste nach Luft. Sami rollte auf den Rücken und seufzte genießerisch. Ich starrte an die Decke, von der dieser riesige Kronleuchter herunterhing, und hatte plötzlich Angst, dass er mich erschlagen könnte. Eine Birne flackerte schwach und erlosch. *Hatte das etwas mit mir zu tun?* Da kicherte Sami und wedelte mit einer Ecke des Stoffs, auf dem wir lagen.

»Hey, wir hatten Blümchensex«. Er lachte sich halb tot über seinen Witz. Dann zog er seine Hose hoch. »Ich fühl mich wie neugeboren, lass uns feiern gehen.« Er sprang vom Tisch und zog an dem Stoff. »Dieses *Beweisstück* muss ich leider vernichten. Meine Alte rastet sonst aus.«

»Was denn feiern?«, fragte ich blöde, starrte immer noch die erloschene Leuchte an.

»Wie wär's mit Entjungferung?« Sofort war ich vollkommen klar und sämtliche Warnlämpchen blinkten. Sami küsste mich. »Also, komm schon.« Er knüllte den Stoff zusammen, strich sich die Haare zurecht und weg war er. Das war's jetzt also gewesen, das *verdammte erste Mal*. Ich lag da, auf der kalten Holzplatte, nackt, mit zerrissenem Slip und blutigen Schenkeln und redete auf mich selbst ein wie ein gottverdammter Psycho: Du wolltest doch so erwachsen sein! Jetzt freu dich gefälligst! Zieh dich an und beiß die Zähne zusammen! Raus mit dir in den Trubel der Party! Die Tür wurde aufgerissen und Sami stürzte herein.

»Hey, Schönheit, Pille danach, okay?«

»Ja klar«, sagte ich verdutzt. Er reckte einen Daumen in die Höhe.

»Braves Mädchen.« Und weg war er wieder.

Und da kam die Wut. Sie schwoll an wie ein Tsunami, stürzte über mir zusammen und schüttelte mich ordentlich durch. *Braves Mädchen? Geht's noch. So ein Arsch.* Ich zerrte einen besonders feinen Seidenstoff aus dem Regal und zerriss ihn in Streifen, die ich über die Tischplatte verteilte. Dann zerknüllte ich noch ein paar Schnittmuster, die sorgfältig auf dem Fensterbrett ausgebreitet lagen, und wischte mir mit einem weißen Leinenstoff das Blut von den Oberschenkeln. Weinend streifte ich mein Kleid über. Alles fühlte sich falsch an. Ich schämte mich entsetzlich, wollte nur noch nach Hause und unter der Dusche das ganze widerliche klebrige Zeug abwaschen, das ich nun in mir trug. Ich fühlte mich vollkommen schutzlos und klein, nicht wie ein taffes Girl, das gerade zur Frau geworden war, sondern beschmutzt und noch dazu schrecklich dumm. Wie konnte das nur passieren? Ich dachte an das Erdbeer-Kondom in meiner Tasche, das ich zu Hause kichernd eingesteckt hatte, daran, wie heiß ich mir das verdammte erste Mal vorgestellt hatte, wie ich den Kerl verführen und dabei alles im Griff behalten wollte. Und dann hatte Sami auch noch das verdammte Foto von mir, auf dem ich aussah wie eine Stripperin. Was, wenn er …? Oh Gott. Mir wurde schwindelig. Ich öffnete ein Fenster und atmete die frische Luft tief ein. Dann setzte ich mal wieder meine Maske auf und zwar ein entspanntes Lächeln, so gut es eben ging und trat hinaus in den Trubel der schwülen Partynacht. Ich tanzte energisch durch die Menge, schnappte mir eine Flasche mit irgendeinem Fusel, der auf dem Kaminsims stand und setzte an. Er brannte in der Kehle wie Feuer. Rocko, ein Typ aus Samis Stufe, schob sich neben mich.

»Hey.«

»Hey.«

»Bock auf'n Joint?«

»Verpiss dich!«

»Hey hey, ich dachte, du stehst auf das Zeug.«

»Falsch gedacht.«

»Und das andere?«

»Welches andere?«

Rocko machte mit Daumen und Zeigefinger einen Ring und ließ ihn über den Hals meiner Flasche gleiten. Ich zog die Flasche weg.

»Hier is nicht Herbertstraße, du Spacko.«

»Dann bin ich wohl falsch informiert.« Er grinste und machte sich vom Acker. Hatte Sami es schon rumerzählt? Bevor sich noch mehr Alkoholleichen zu mir verirrten, zog ich die Reißleine und steuerte den Ausgang an.

»Jetzt geht die Party doch erst richtig los.« Sami stand plötzlich vor mir, mit einer Zigarette im Mundwinkel. Mir wurde übel, aber ich rang mir ein Lächeln ab.

»Schade, aber ich muss los. Vivi hat 'n Problem und braucht mich.«

»Was Ernstes?«

»Hoffe nicht.«

»Na dann ...« Sami drückte mir noch einen widerlichen Kuss auf den Mund. »Pass auf dich auf, Schönheit.«

»Klar doch.« Ich gab mich betont lässig. Sami grinste.

»Ich mein, so ohne Höschen ... laufen ja auch ein paar Verbrecher draußen rum.«

»Mach dir nicht ins Hemd, Samilein. Ich bin schon groß.«

»Allerdings«, lachte Sami, »groß im Kommen.« Ich schob ihn weg und öffnete die Haustür, während Sami sich immer noch lachend zu Rapha rüberbeugte und wahrscheinlich brühwarm seinen grandiosen Witz wiederkäute. Vivi hatte recht gehabt. Sami war ein Arsch. Wie konnte ich mich von seinen Haselnussaugen täuschen lassen?

Es fühlte sich tatsächlich beschissen an ohne Slip. Als ob jeder Mensch, dem ich begegnete das sehen konnte. In der U-Bahn drückte ich mich stehend in eine Ecke und auf dem Weg nach Hause drehte ich mich ständig um und vermutete hinter jedem breiten Baumstamm einen Kerl, der hervorspringen und mir das Kleid hochziehen könnte. Es war schrecklich. Vivi fehlte mir, zum Schutz, zum Reden, zum Spaß haben und überhaupt. Als ich endlich zu Hause war, versuchte ich sofort, sie anzurufen. Aber sie hatte das Handy ausgestellt. Also schrieb ich ihr auf WhatsApp.

Ich hab's getan.

Und dann stellte ich mich unter die Dusche und schrubbte mir mit einem rauen Schwamm die Haut ab, bis sie rot leuchtete. So rot wie mein blutendes Herz.

10

Am nächsten Morgen fühlte ich mich völlig zerstört. Im Kopf hackte ein wildgewordenes Rumpelstilzchen alles kurz und klein, an den Oberschenkeln hatte ich riesige Hämatome, der Rücken schmerzte, als wäre eine Elefantenhorde darübergetrampelt, und meine Augen ... Oh Gott, was war mit meinen Augen los. Im Spiegel sah ich nur dünne Sehschlitze mit riesigen Pupillen dahinter. Ich blickte auf mein Handy. Vivi hatte meine Nachricht gelesen und nicht geantwortet. Verdammt, mit wem sollte ich denn nun reden? Noch bevor meine Eltern wach wurden, schlich ich mich zur Apotheke und besorgte mir die *Pille danach*. 19 Euro für eine einzige winzige Pille. So ein Mist. Die würde ich mir von Sami zurückholen. Ach was, würde ich nicht. Wär eine scheißpeinliche Aktion. Ich schluckte das Ding noch in der Apotheke, unter den besorgten Blicken zweier Apothekerinnen, die sicher am liebsten lange Gespräche mit meinen Eltern geführt hätten. Als ich wieder in meinem Zimmer war, vibrierte es in meiner Tasche. Vivi. Na endlich.

Ich weiß, stand da nur, mit einem traurigen Smiley. What? Mehr nicht? War was schiefgelaufen mit Felix? Was hatte er mit Vivi angestellt?

Bist du o.k.?, schrieb ich.
Tinka ... bist DU okay?
Geht so.

Hast du das Foto nicht bekommen?

Welches Foto? Es dauerte verdammt lange, bis endlich eine Antwort kam.

Das mit dem Stoff?

Stoff? Hasch oder was?

Wenn wir zurück sind, komm ich sofort vorbei, okay? Kann gerade nicht so gut reden. Und schon war sie offline. Was sollte das denn? Da sah ich, dass im Klassenchat die Hölle los war. 47 Nachrichten. Ich öffnete die Gruppe. Und da war das Foto ... von dem Stoff ... dem Blümchenstoff ... mit Blut ... meinem Blut. Es klopfte an der Tür und ich erschrak so heftig, dass ich das Handy wegwarf. Es knallte auf den Boden und rutschte unter den Schrank.

»Tinkilein?«

»Schlafe noch.«

»Frühstück ist fertig. Im Garten. Theo ist da. Kommst du?«

»Gleich.« Sie zog ab und ich fischte sofort das Handy unter dem Schrank hervor. Das Display war gesprungen. Verdammt. Ein großer Riss von einer Ecke zur anderen zerteilte den Blümchenstoff. Ich hatte sofort den widerlichen Geruch von Vanille gemischt mit Samis fauligem Atem in der Nase und würgte vor Übelkeit.

Wieder eine Jungfrau weniger im Paradies, stand unter dem Bild, das Leo hochgeladen hatte. *Von Sami*, stand darunter. *Warum hat er mir das geschickt? Sollte ich diese Ex-Jungfrau kennen?* Dann eine Liste von Kommentaren.

Der hat Vivi flachgelegt. Justus, der Arsch.

Ein hochgereckter Daumen von Max.

Ein tränenlachender Smiley von Ben.

Hat er nicht, ihr Spacken. Vivi. Zum Glück.

Wer's glaubt. Justus.
Allerdings. Stille Wasser und so. Ben.
Leckt mich. Vivi.
Aber gern. Justus.
Tränenlachender Smiley von Ben.

Es nahm kein Ende. Vivi hatte sich ausgeklinkt, aber die Kommentarliste war noch lang. Ich scrollte bis ans Ende. Der letzte Kommentar war von Dani, die mit Ben zusammen war.
Hey, das geht zu weit. Hört endlich auf, ihr Idioten!!!
Das Rumpelstilzchen in meinem Kopf legte noch einen Zahn zu.

»Tinki, komm schon.« Mum klopfte schon wieder an die Tür.

»Jaha.« Ein trautes Familienfrühstück mit Theo-Beweihräucherung war das Letzte, was ich brauchte. Ausgerechnet auf Vivi hatten die Spackos aus meiner an Idioten reichen Klasse es abgesehen. Ich konnte doch jetzt nicht einfach schreiben: *Ihr seid auf dem falschen Dampfer. ICH war diese Jungfrau.* Mein hart erarbeitetes Bitch-Level wäre wieder auf null. Und noch schlimmer. Die Häme der Mädchen, die mich neidvoll bewundert hatten, würde mich umbringen. Mir wurde eiskalt. Ich schnappte mir einen Stapel Klamotten, schloss mich im Bad ein und duschte bestimmt 20 Minuten, bis das Hämmern an der Tür meinen dröhnenden Kopf fast zum Platzen brachte.

»Hey, Schwesterlein.« Mein begnadeter Bruder stand vor dem Bad. »Ich soll dich von Bo grüßen.« Bo, dachte ich. Mein Gott, Bo. Es tat gut, an Bo zu denken. Er hatte mich schon einmal gerettet. Ich öffnete die Tür und fiel Theo um den Hals.

»Schwesterlein, Schwesterlein. Wenn ich deine Gedanken lesen könnte, würde ich bestimmt rot werden.« Theo sah an sich runter. Seine Klamotten waren pitschnass. »Hey, ich gebe gleich ein Interview. Sieh mich an!« Er breitete die Arme aus.

»Sag einfach, du bist in einen Schauer gekommen.«

»Tolle Idee. Der Himmel ist wolkenlos blau.«

»Nen Minischauer.« Er lachte.

»Der Minischauer heißt Kathinka Dornberg. Meine durchgeknallte kleine Schwester, die versucht, sich von allen Sünden reinzuwaschen.« Schlagartig wurde ich steif wie ein Torpfosten. Woher wusste er ... »Nein.« Er blickte mich verblüfft an. »Stimmt das etwa?« Ich bekam einen gekünstelten Lachanfall, umarmte ihn noch einmal und schüttelte meinen Kopf, sodass die Wassertropfen in alle Richtungen spritzten.

»Reingefallen«, log ich eiskalt. »Ich und Sünden. Nur hier drin.« Ich klopfte auf meinen Kopf.

»Du hast mich ganz schön geschockt, Sister.«

»Ja, Schocken ist mein Spezialgebiet.«

»Also, komm frühstücken. Donna ist auch da.«

»DONNA?«

Zeit, über Donna zu sprechen, D-O-N-N-A. Sie war alles, was ich sein wollte, hatte endlose Beine, die schimmernde Haut einer Porzellanpuppe und war mit ihren 18 Jahren schon die Muse der größten Modeschöpfer dieses Planeten. Wenn sie nicht über Laufstege wippte, schwebte sie wie ein Schmetterling über unseren Schulhof und wo sie sich niederließ, stand die ganze Testosteronabteilung der Oberstufe sabbernd Schlange, um mit ihr *Konversation zu betreiben*. Mehr war nicht drin. Niemand traute sich, sie anzufassen, denn sie strahlte eine elfenhafte Fragilität aus, die ihr eine Aura der

Unnahbarkeit verlieh. Eine unachtsame Berührung und sie würde sich in glitzernden Elfenstaub auflösen. Für mich war sie eine Göttin. Und sie war die Freundin meines Bruders, der als Kind in den Glückstrank gefallen sein musste. Er hatte nicht nur den Traum aller Schwanzträger erobert, er war auch noch ein Profifußballer. Klingt schrecklich nach Klischee, aber so war es nunmal. Auch meine Eltern vergötterten Donna, köpften jedesmal Schampus, wenn sie bei uns vorbeischwebte, und vergaßen alles andere drumherum, einschließlich meiner tragischen Gestalt. Waren die beiden wieder davongeschwebt, schwärmten meine Eltern selig lächelnd und berauschten sich daran, alles richtig gemacht zu haben, denn sonst hätte ihr Sohn nicht so ein unverschämt perfektes Leben. Ja, genau, wo kam ich da eigentlich vor? Meinen Platz im Familienolymp musste ich mir noch erarbeiten. Daher *studierte* ich Donna regelrecht. Ich folgte auf Instagram jedem ihrer Schritte, hatte dieselben Kosmetika angeschafft, mir ein Schmink- und Stylingtutorial von @beauty_is_the_goal mit dem Titel *Donnastyle* bestimmt tausendmal angesehen und übte täglich, so über den Boden zu schweben wie sie, bisher ohne Erfolg. Donna war mein absolutes Vorbild. Punkt.

Donna war da. Ich wankte in mein Zimmer, wählte neue Klamotten aus, die meine Figur betonten, und schminkte mich nach der 5-Minuten-Methode, so gut es eben ging, mit hämmernder Birne und 'ner Menge Restalkohol im Blut. Als ich in den Garten stolperte, saß sie in einen Liegestuhl hingegossen mit einem Glas Champagner in der Hand am gedeckten Tisch und lachte, während Dad wild gestikulierend wahrscheinlich gerade einen Witz erzählte.

»Hi«, sagte ich.

»Da bist du ja endlich.« Meine Eltern sahen mich an wie einen Störenfried, der polternd in ein klassisches Konzert hereinplatzte. Ich starrte nur Donna an.

»Hi«, sagte ich noch einmal.

»Hallo Tinka«, sagte Donna. »Du siehst schön aus.« *Das* wollte ich hören.

»Du auch«, schwärmte ich. Sie lächelte ihr Elfenlächeln.

»Und ich?«, fragte Theo und drehte sich vor mir einmal im Kreis herum. »Wie sehe ich aus? Hab immerhin gleich das Interview.«

»Cool«, sagte ich. Und meinte es auch so. Mein Bruder war einfach *Mister Cool*. Das traf es am besten. Ich ließ meinen Blick über den Tisch schweifen. Nur vier Teller. »Habt ihr nicht für mich mitgedeckt?«

»Doch.« Mum zeigte auf einen blanken Teller. »Donna hatte ihren Smoothie.« Ich blickte Donna bewundernd an. Der Tisch war gefüllt mit Leckereien, von Lachs bis Rührei war alles dabei. Sogar Joghurt mit frischen Himbeeren. Und Donna schaffte es, nichts anzurühren.

»Wie machst du das?«, fragte ich. Sie lachte und warf ihre wunderschönen Haare über die Schulter.

»Disziplin.«

Theo gab ihr einen Kuss auf die Haare.

»Sie ist wirklich unglaublich, disziplinierter als jeder Profifußballer.«

Mum und Dad sahen mich triumphierend an. Disziplin war eines ihrer Lieblingswörter, und ihrer Meinung nach etwas, das ich nicht besaß, vor allem, wenn es darum ging, Termine einzuhalten, die *sie* für mich gemacht hatten und die *ich* dann einfach ignorierte.

»Aber Fußballer müssen doch nicht dünn sein«, warf ich ein.

»Dünn nicht, aber täglich trainieren und kein ungesundes Zeugs futtern.« Er biss grinsend in ein Nutellabrötchen. Ich schob meinen Teller zur Tischmitte und nahm ein Champagnerglas in die Hand.

»Na na, Prinzessin, für dich keinen Alkohol.« Dad! Der lebte echt hinterm Mond. Egal. Ich hatte ohnehin noch genug Alkohol im Blut.

»Wir müssen los«, sagte Theo und schon stand er auf und zog sachte an der Hand, die Donna ihm reichte, bis sie vor ihm stand und er seinen Fußballerarm um sie legte, unter dem sie fast verschwand. »Morgen im Abendblatt. Nicht vergessen.«

Meine Eltern hoben gedrückte Daumen in die Höhe und Dad klopfte Theo auf die Schulter. Mum gab Donna ein Päckchen Pralinen, mit Schleife. Machte sie jedes Mal, wenn Donna kam.

»Für deine Mutter«, sagte sie. Und dann gingen sie zu viert zum Gartentor und hatten vergessen, dass ich auf der Welt war, in ihrer Familie, an diesem Tisch.

11

»Da bin ich wieder. Heute laufe ich für euch auf meinen Lieblingsschuhen, diesen extrem geilen Glitzerdingern von Prada. Mit denen bin ich ganze 189 cm hoch. Ich trage heute den klassischen Donna-Style. Diese kleinen Pölsterchen hier an den Oberschenkeln, die sind bis zur Show weg, das garantiere ich euch. Ich bin ein echtes Disziplin-Monster. Wenn ich mir was vornehme, dann zieh ich das auch durch. Und jetzt ist es die Model-Diät. Also los.« Ich hatte das Handy an einen Bilderrahmen gelehnt und *Shape of You* von Ed Sheeran schallte aus den Boxen. Quer durch mein Zimmer verlief der rote Teppich, der normalerweise vom Hauseingang zum Treppenhaus führte. Daneben leuchteten im Abstand von jeweils einem Meter weiße lange Kerzen auf silbernen Kerzenständern. Es klopfte. Shit.

»Kann gerade nicht.«

»Ich bin's.« Vivi. Ich schloss die Tür auf, zog sie in mein Zimmer und verriegelte anschließend wieder.

»Na endlich. Ich mach gerade ein neues Video für Sonni.« Einen Moment lang hatte ich ganz vergessen, dass sie gerade einem Shitstorm ausgesetzt war, für etwas, mit dem sie nichts zu tun hatte. Aber jetzt, als Vivi mich aus todtraurigen Augen anblickte, fiel es mir schlagartig wieder ein. Ich stellte die Musik ab und drückte sie an mich. Vivi ließ die Arme hängen.

»Schöne Scheiße«, sagte ich.

»Ja.«

»Aber wir wissen ja, dass es nicht stimmt.« Sie sagte nichts, sah mich nur weiter an. Richtig gespenstisch war das. »Was ist?«

»Tinka. Ich verlange von dir, dass du das aufklärst. Die machen mich sonst fertig.« Sie hatte Tränen in den geröteten Augen.

»Quatsch. Das sind kleine Arschlöcher. Vergiss, was sie sagen.«

»Nein.« Vivis Stimme klang plötzlich blechern und hart. »Du musst das aufklären. Felix ist meiner Meinung.«

»Felix? Hast du ihm etwa erzählt, dass Sami mich meint?«

»Er hat den Klassenchat mitgelesen. Ich musste es ihm sagen.«

»Waaas? Bist du verrückt? Das geht ihn doch gar nichts an.« Ich wurde langsam zu dem Rumpelstilzchen, das gerade noch in meinem Kopf sein Unwesen getrieben hatte. »Verdammt. Wenn Felix es weiß, dann weiß es doch bald die ganze Schule.«

»Erstens würde Felix das nie herumerzählen und zweitens erwarte ich von dir, dass du reinen Tisch machst. Ich will nicht für *deine* Verfehlungen gemobbt werden, okay?«

»Verfehlungen?« Ich lachte genervt auf. »Was für eine Wortwahl.«

»Soll ich lieber sagen, das Ausleben deiner peinlichen, notgeilen Pornofantasien? Ist das besser?«

»Viel besser, wow. Da weiß ich ja wenigstens, woran ich bin. So denkst du also über mich.« Vivi weinte hemmungslos.

»Nein, ich will nur, dass du die Sache richtigstellst. Das ist alles. Dann können wir es ja nochmal versuchen.«

»Was versuchen?«

»Befreundet zu bleiben.« Schlagartig wurde ich stocksteif, obwohl das Rumpelstilzchen um sich schlug wie irre. In meinem Hirn brannte eine Sicherung durch und das zutiefst verängstigte kleine Mädchen in mir verwandelte sich in ein Monster, das um sein Leben rang, denn noch einmal verlassen zu werden von einem Menschen, den ich liebte und der an mich glaubte, würde ich nicht aushalten.

»Weißt du was, du Produkt unbefleckter Empfängnis«, schrie das Tinka-Monster, »du reine Seele, du kannst dir die Freundschaft einfach mal in deinen Arsch stecken, ja? Und wenn du dann irgendwann deinen Felix ungevögelt ehelichst, dann kannst du ja die heilige Maria höchstpersönlich fragen, ob sie deine Trauzeugin sein will.« Ich erstarrte, erschrak, zitterte. Die Wucht meiner Worte erschütterte mich zutiefst. Es war, als hätte ich mich gerade selbst verlassen und wohnte nun nicht mehr in mir. Aber wo war ich dann? Wer war ich wirklich? Und wer war das Fremde in mir, dieses hässliche Monster? Vivi war doch meine beste Freundin und ich hatte sie so sehr vermisst. Ich wünschte sofort, die Zeit um ein paar Minuten zurückzudrehen. Ich streckte verzweifelt die Arme nach ihr aus und blickte sie flehentlich an. Aber Vivi tat, was jedes Mädchen, das nur einen Hauch von Selbstachtung hatte, tun würde. Sie drehte sich auf dem Absatz um und ging hinaus.

»Viviiiiiii.« Ich stürmte hinter ihr her. »Viviiiiii. Es tut mir leid. Viviiiiii.« Ich hielt sie am Arm fest. Aber sie riss sich los und stürzte auf den Steinboden, den sonst der rote Teppich abfederte.

»Lass mich.« Sie rappelte sich wieder hoch und öffnete die

Haustür. Ich sah Felix, der an ein Auto gelehnt auf der Straße stand.

»Bitte, Vivi.« Ich flehte, als ginge es um mein Leben. Vielleicht ging es das ja auch. Sie drehte sich um und sah mich an, verletzt und angewidert. Das Monster war zufrieden und verschwand. Ich, wer immer ich war, hatte sie verloren.

12

Ich schlich über den Schulhof wie über vermintes Gelände und versuchte, in den Gesichtern der Mitschüler zu lesen, ob sie etwas wussten, sich etwas verändert hatte. Henry, Mani und Jussuf grinsten zu mir herüber. War aber nicht ungewöhnlich. Lisa lief an mir vorbei und sagte ihr übliches *Hi*. Frau Igel grüßte mich freundlich. Ein paar Jungs aus meiner Klasse standen nebeneinander an die Wand gelehnt und sahen alle in dieselbe Richtung. Ich folgte ihren Blicken und landete bei ... Vivi. Sie saß mit Felix etwas abseits unter einer Linde und sah auf den Boden. Auch eine Mädchentraube, die bei den Fahrradständern stand, schien sich mit Vivi zu beschäftigen. Es wurde mit leicht gesenkten Köpfen über irgendetwas getratscht und immer wieder wanderten Blicke zu ihr hinüber.

»Hey, Chica.« Sami stand plötzlich neben mir und gab mir einen Klaps auf den Po. Ich hatte sofort den widerlichen fauligen Vanille-Geruch in der Nase und schluckte mühsam.

»Hey, geht's noch. Behalt deine Flossen bei dir, ja?«

»Na, na, gestern hat's dir gefallen.«

»Das war einmal, okay. Du hast ganz schön Scheiße gebaut.« Ein kleiner Schreck huschte über sein Gesicht.

»Hey, du hast doch die Pille genommen, oder?«

»Denkste, ich will 'nen kleinen Scheißer von so einem Asi?« Samis Hand klatschte wieder auf meinen Po. Diesmal griff er fest zu und quetschte meine Haut zusammen, bis ich aufschrie.

»Spinnst du?« Sein Blick war finster wie die Hölle.

»Du kleine Schlampe. So sprichst du NIE WIEDER mit mir, verstanden?«

»Lass mich los, verdammt.« Samis Griff wurde noch brutaler.

»Jetzt hör mir mal gut zu. Ich mache mit dir, was ICH will, verstanden? Sonst wird hier jeder erfahren, welches kleine unerfahrene Mädchen ich da gestern gepoppt habe, das im Übrigen steif wie ein Brett dalag und keine Ahnung von Tuten und Blasen hatte. ... vor allem vom Blasen.« Er lachte laut über seinen Witz und sofort wanderten alle Blicke der umstehenden Schüler zu uns. Sami sah mich an, hob warnend seine Augenbrauen und zog ab. What the fuck ...! Ich blickte mich suchend um. Vivi. Ich brauchte sie jetzt so sehr. Normalerweise wären wir zusammen zum Mädchenklo gestürmt, hätten uns in der allerletzten Kabine eingeschlossen und sie hätte mich in den Arm genommen, bis der Sturm verebbt wäre. Vivi. Sie saß immer noch auf der Bank, an Felix gelehnt, der so böse er konnte zu mir blickte. Ich war allein. Sami hatte mir gedroht. Vivi wurde in den Dreck gezogen. Felix wusste Bescheid. Und ich schämte mich ins Bodenlose.

»Hat er's jetzt auch noch auf dich abgesehen, der Arsch?« Dani stand plötzlich neben mir. »Vivi ist bei den Jungs nur noch die Schlampe. Dabei ist doch Sami der Übeltäter. Schlau ist es von ihr allerdings auch nicht, jetzt gleich mit dem Nächsten anzubandeln.« Sie zeigte zu Felix hinüber, der Vivis Hand hielt. Dann sah sie mich an. »Oder?«

»Sami ist ein Scheißkerl. So einfach ist das.« Ich ließ sie stehen und verzog mich aufs Mädchenklo, allein. In der letzten Kabine presste ich meine Stirn an die kalten Kacheln. Und da stand doch tatsächlich *Vivi ist 'ne Schlampe* an der Wand. Die Farbe war noch frisch. Ich wischte mit dem Daumen darüber, dann mit der ganzen Hand. Es ging nicht ab. Ich riss meine Tasche auf, holte einen Einmalrasierer heraus und kratzte mit der Klinge den Namen ab. *Ist 'ne Schlampe* stand nur noch auf der Kachel. Panisch wühlte ich in meiner Tasche herum, bis ich mein kleines Fläschchen Desinfektionsmittel gefunden hatte. Ich quetschte mir die hohle Hand voll und rieb die Hände aneinander, bis der Druck etwas nachließ. Ich rieb über die Handrücken, über die Unterarme, bis zum Hals. Ich dachte an den Blümchenstoff und rubbelte, bis es wehtat. Dann brach ich weinend auf dem Klodeckel zusammen. Wie ein Wirbelsturm fegten die Ereignisse durch meine Brust und rissen mit, was dort an schönen Erinnerungen angelegt war. Zurück blieb ein Trümmerfeld. All jene Facetten meines Lebens erstanden auf, die zuvor unbeachtet in dunklen Ecken gewest hatten. Gruselige Monster, die ich mir ansehen musste, wie in einer Geisterbahn, in der man die Augen nicht schließen konnte. Kein Weg führte an ihnen vorbei. Und das größte und schrecklichste von allen war das kopflose Monster der Hilflosigkeit. *Bing.* Eine Nachricht von Sami.

Das war's, Schlampe. Was du im Zimmer meiner Alten veranstaltet hast, dafür gibt es keine Entschuldigung.

Die Schnittmuster, dachte ich. Der Stoff, den ich zerrissen hatte.

Es ist raus.

Was ist raus? Shit, shit, shit. WAS IST RAUS? Und da flatterten schon die Nachrichten herein wie Konfetti.

Sag, dass das nicht wahr ist. Lilo.
Ich hab's doch immer gewusst. An Tinka ist alles fake. Nils
Ne peinliche Schlampe für Arme. Ben
Haha, endlich kriegt sie mal was auf den Deckel. Nadine
Genau. Tut immer so überlegen, die Tusse. Paula
Ich hoffe, Sami hat sie so richtig durchgenagelt. Justus
Jo. Max
Ob sie sich in die Schule traut? Lilly
Neee, die besäuft sich wieder. Matze
Hey, Tinka. Kannst gerne bei mir vorbeikommen. Ich mach dann 'ne private Porn-Party für dich. Mit Gurke und Zwinkersmiley. Justus

Mir wurde übel und ich kotzte die Kloschüssel voll. Als es geläutet hatte, schlich ich mich aus dem Schulgebäude zum nächsten Kiosk und kaufte eine Flasche Wodka. Der Verkäufer zögerte, ein tätowierter Kerl mit Undercut und goldenem Armkettchen. Ich zeigte ihm einfach meine Möpse, bis er mir völlig hypnotisiert die Flasche über den Tresen reichte. Mir war alles scheißegal. Es gab niemanden, zu dem ich gehen konnte, bis auf eine ... Omimi lag auf dem Ohlsdorfer Friedhof. Da fuhr ich hin, setzte mich auf den Grabstein und öffnete die Wodkaflasche. Das Zellgift betäubte nach und nach meine Monster und ließ dafür die Erinnerung an Omimi wieder auferstehen. Ich setzte sie neben mich auf ihren Grabstein und ließ mich von ihr in die Arme nehmen. Ihre lieben warmen Augen sahen mich milde an und ich fühlte mich nicht mehr ganz so einsam.

Ich hab Scheiße gebaut.
Ich hab dich lieb.
Ich war schrecklich zu Vivi.

Ich hab dich lieb.
Ich hab mich von Sami ....
Ich hab dich lieb.

Und immer wenn das Bild von Omimi verblasste, trank ich ein paar Schlucke Wodka, bis ihre Konturen wieder deutlich wurden. Omimi fehlte mir so sehr. Als Mum damals in Windeseile all ihre Möbel entsorgt hat, habe ich einen alten Teddy, der immer auf dem beigen Plüschsofa gesessen hatte, mit zur Beerdigung genommen und anstatt Erde auf ihren Sarg geworfen. Ich wollte, dass sie etwas von ihren geliebten Sachen mitnehmen konnte. Ich trank noch einen Schluck. Und plötzlich dachte ich nur noch an diesen Teddy und hatte das Gefühl, wenn ich ihn wiederhätte, würde alles gut werden. Als ob ich dann ein Stückchen von Omimi zurückholen könnte. Ich begann, mit den Händen in der Erde zu wühlen. Ich musste den Teddy finden. Ohne den Teddy würde ich nie wieder glücklich werden. Wie eine Besessene schaufelte ich die Erde vom Grab. Es war inzwischen fast dunkel geworden und meine Fingernägel abgebrochen, als ich plötzlich in das Loch stürzte und einfach liegen blieb. Cut.

13

Gleißend helles Licht. Wehende weiße Vorhänge. Grässliche Schmerzen im Kopf. Auf dem Friedhof war ich nicht. Ich blickte mich um und sah meine Mum. Sie schlief, den Kopf an die Wand gelehnt. Sie war ungeschminkt und schlecht frisiert. So würde sie normalerweise nie vor die Tür treten. Neben mir ein Ständer mit einem Beutel Flüssigkeit. Ein dünner Schlauch hing herunter und verschwand unter einem großen Pflaster an meinem Arm. Shit. Krankenhaus. Meine Fingerkuppen waren verbunden. Ein Gerät neben dem Bett piepste. An meinem Fußende saß Omimis Teddy, völlig verdreckt. Ein Auge und ein Ohr fehlten und die Naht am Bauch war aufgeplatzt.

»Mum?« Sie schreckte sofort hoch und lächelte, als sie mich sah.

»Tinkilein. Meine Kleine.« Sie streichelte mir über den Kopf.

»Wie bin ich hierhergekommen?« Sie sah in eine andere Ecke des Raums und ich folgte ihrem Blick. Da saß eine Punkerin mit grünen Haaren zusammengekauert auf einem Stuhl. Sie hatte die Beine angezogen und erstaunlich edle Lack-Lederschuhe an. Reglos blickte sie mich an. Ihre Augenbrauen waren dicke schwarze Balken und sie trug einen Ring in der Nase.

»Jenny hat dich gefunden«, sagte Mum. »Sie war zufällig in der Nähe.«

»Auf dem Friedhof? Zufällig?«

»Ja«, sagte Jenny. Sie hatte eine zarte, sehr weiche Stimme, die nicht recht zu ihrem Outfit passte.

»Du lagst in einer Grube auf Isabelles Grab. Zum Glück hat Jenny den Krankenwagen gerufen.« Jenny sagte nichts, blickte mich weiter prüfend an. »Tinki«, Mum rückte ihren Stuhl näher an mich heran. Ihre Augen waren feucht. »Was um Gottes willen wolltest du da machen? Woher hattest du den Alkohol? Und warum hast du die ganze Flasche von diesem grässlichen Zeug getrunken? Du hättest dich umbringen können!« Mum hatte nun einen vorwurfsvollen Ton in der Stimme, als hätte ich beinahe ihr perfektes Leben versaut. Ich sagte nichts. Sie würde mich eh nicht verstehen. Ich blickte zu Jenny, die ihre Augen rollen ließ.

»Ich geh dann mal«, sagte sie und stand auf. Sie war sehr dünn und die schwarze Lederjacke stand von ihr ab wie ein Zelt. Die musste mindestens Größe L sein.

»Danke«, sagte Mum, die ebenfalls aufgestanden war und Jenny eine Hand hinhielt. Jenny schüttelte sie kurz. Dann blickte sie in ihre Hand, in der plötzlich ein 100-Euro-Schein lag. Mama nickte ihr zu. Aber Jennys Blick verfinsterte sich wie ein Gewitterhimmel. Sie gab Mum den Schein zurück und ging zur Tür. Dort drehte sie sich noch einmal zu mir um.

»Kannst mich mal anrufen, wenn du willst.« Dann ging sie hinaus.

»Aber ...« Mum lief ein paar Schritte auf die Tür zu. »Die Nummer«, sagte sie. Doch Jenny war schon verschwunden. Mum war manchmal echt peinlich. Aber komischerweise nur, wenn es um mich ging. Ansonsten machte sie alles perfekt. Sie setzte sich auf meine Bettkante und lächelte. »Hauptsache, du wirst wieder gesund.« Es klang, als hätte ich eine Krankheit. Dabei war gerade mein Leben bei voller Fahrt entgleist.

»Ich muss nur schlafen«, sagte ich. Dad stürzte herein.

»Mein Gott, Prinzessin.«

Gott und Prinzessin in einem Satz mit drei Wörtern war ungewöhnlich für Dad, der mit seinen Aussagen gern knallharte Fakten schaffte. Er setzte sich auf die andere Bettseite und gab mir einen Kuss auf die Stirn. Dann blickte er mich sehr ernst an. »Es tut mir so leid.«

»Was?«

»Herr Bünning hat mich angerufen. Ich weiß alles.« Eine neue Welle der Übelkeit wogte heran.

»Was weißt du alles?«, fragte Mum.

»Sie wird gemobbt.« Dad flüsterte, als ob er nicht wollte, dass ich ihn verstehe. »Irgendein Kerl behauptet, er hätte mit ihr ...« Dad hob bedeutungsvoll die Brauen. »Verstehst du?« Mums Mund klappte auf. »Und nun wird sie von den anderen Schülern beschimpft.«

»Wie furchtbar.« Sie drückte meine Hand. »Und was ist mit Vivi?«

»Die hat jetzt einen Freund und Tinki fallengelassen, nachdem das Gerücht in die Welt gesetzt wurde.«

»Nein.« Mum strich energisch über meinen Arm. »Mein armes Schätzchen.« Beide beugten sich besorgt über mich. Ich war baff, wie sich das Blatt plötzlich gewendet hatte, und spürte zum ersten Mal wieder einen Hauch von Lebenswillen.

»Herr Bünning hat empfohlen, dass sie nicht zur Schule geht, bis sich die Wogen etwas geglättet haben. Er meinte aber, das könne lange dauern.« Dad sah mich an. »Was hältst du von einem Schulwechsel? Könntest du dir das vorstellen?«

Ja, dachte ich, gute Idee. Die Monster räumten das Feld. Das war es. Ich würde einfach neu anfangen, ein geheimnisvolles unbeschriebenes Blatt. Ich würde mich niemandem mehr anvertrauen und die Kerle dort meiden wie fettes Essen. Und keiner würde erfahren, was ich außerhalb der Schule tat. Bis sie mich plötzlich in Zeitschriften sehen würden, auf meinem Insta-Kanal und auf Sonnis Laufsteg. Ich würde die Donna der neuen Schule werden, *gebündelter Elfenstaub*.

»Ich möchte nach Winterhude«, hauchte ich bemüht kraftlos.

»Nach Winterhude? Das ist ewig weit weg. Da fährst du ja eine Dreiviertelstunde.«

»Na eben«, sagte Dad, »sie will die anderen nicht mehr treffen.«

»Ach so, ja klar. Winterhude ist gut.« Mum strich mir über die Haare. Beide blickten mich sorgenvoll an. Und zum ersten Mal seit langer Zeit hatte ich das Gefühl, dass sie ganz bei mir waren, dass sie nicht an ihre Jobs oder Theo dachten, nicht an ihren guten Ruf, der immer auf dem Spiel stand, und auch nicht an Leistungen, die ich zu bringen hatte. Es ging schlicht um mein Wohlergehen. Und das tat verdammt gut.

Als sie gegangen waren, schaltete ich mein Handy an. Es bimmelte in einem fort, so viele Nachrichten hatten sich angesammelt seit dem Vortag. Ich las keine einzige. Mein Herz klopfte den Sound eines neuen Lebens. Ich blickte auf die Namen in meiner Kontaktliste, von Menschen, die bisher meine Tage bestimmt hatten: Vivi, Tina, Mel, Leila, Sami, Rapha ... und ich löschte sie alle, einen nach dem anderen, lautlos. Meine Nummer würde ich auch wechseln. Es brauchte keinen donnernden Gegenschlag, keine verbale Abrechnung. Ich würde einfach aus ihren Leben verschwinden und sie aus meinem. Sie hätten keine Chance mehr, mich zu verletzen und zu demütigen. Als wäre ich auf dem Friedhof tatsächlich gestorben ... und nun in ein neues Leben auferstanden. Es war ganz leicht. Da fiel mir ein neuer Eintrag im Adressbuch auf. Jenny. Wie hatte sie das gemacht, ohne meinen Sperrcode zu kennen? *Jenny vom Friedhof,* stand da und ihre Nummer. Die löschte ich nicht. Nein, ich schickte ihr sogar eine Nachricht: *Danke!* Ich beschloss, dass sie zu meinem neuen Leben gehören sollte, das mit ihr begonnen hatte. Wie sie anmutig das Geld meiner Mum abgelehnt hatte, gefiel mir. Und dass die riesige Lederjacke von Armani gewesen war, hatte ich sofort bemerkt. Genau wie das edle Tattoo eines Leoparden an ihrem Knöchel. Jenny war ein verkleidetes Juwel und so ganz anders als alle Mädchen meiner alten Schule.

Wenn du mal mit zum Lido kommen willst, sag Bescheid. Da trifft sich die Clique, schrieb sie zurück.

14

Der *Lido* befand sich am Elbstrand neben einem Baum, dessen Äste an mehreren Stellen auf dem Sand auflagen, so schräg war er gewachsen. Jenny hatte jetzt rote Haare und trug wieder die viel zu große Lederjacke. Wir steuerten auf ein kleines Grüppchen zu, das um eine Feuerstelle herumsaß, lauter Spanholzplatten, die noch nicht entzündet worden waren. Ein Kerl mit Dreitagebart und St.-Pauli-Käppi gefiel mir sofort. Auf seinen Armen spielten sich wilde Dschungelszenen ab. Ein Chamäleon, Schlangen und Leoparden waren kunstvoll ineinander verwoben. Jenny beugte sich zu ihm herunter und küsste ihn geräuschvoll.

»Das ist … Kim.« Jenny sah mich fragend an. Klar, *Tinki* passte nicht. So nannte man Kleinkinder, Katzen und Mädchen in rosa Bilderbüchern.

»Ja, Kim«, sagte ich und fühlte, dass diese Taufe einen entscheidenden Schritt in mein neues Leben bedeutete. Kim klang erwachsen und kraftvoll, nicht wie ein kleines Blümchen, das man zertreten konnte. Ich blickte Jenny dankbar an.

»Leo«, sagte der tätowierte Kerl und griff nach meiner Hand, die er viel zu lange festhielt.

»Lucky.« Ein blonder Rastafari sprang auf und deutete eine Verbeugung an. Alle anderen hoben ihre Bierflaschen zum Gruß, während Jenny ihre Namen nannte.

»Clive, Leila, Latte, Olaf, Ben und Kuddel.« Mir fiel auf,

dass sie schon älter waren, Olaf und Clive bestimmt schon über 20. Und ich zählte ganze vier Motorradhelme, die neben der Bierkiste lagen. Ich fühlte mich sofort wohl und konnte gar nicht fassen, wie schnell mir das Schicksal ein neues Leben schenkte. Sami würde in dieser Runde wirken wie ein angepasster Streber. Diese Typen hier waren das Coolste, was Hamburg gerade zu bieten hatte, und ich musste aufpassen, dass sie mich nicht gleich wieder aussortierten, denn ich war immer noch so scheiß jung und hatte die letzten Jahre vor allem in meinen Träumen gelebt. Hier ging gerade einer in Erfüllung. Das waren keine Teenies, die auf Schulhöfen über Fußball und Pornos redeten. Das waren echte Kerle, die so aussahen, als hätten sie schon reichlich vom wilden Leben gekostet. Vor allem Leo, der Jenny gerade einen Joint reichte.

»Leo ist Tätowierer.« Jenny waren meine Blicke wohl nicht entgangen.

»Der Beste.« Olaf, ein bäriger Typ mit Bäuchlein, streckte einen Arm in die Höhe, auf dem sich ebenfalls ein Chamäleon räkelte.

»Ich stech dir auch eins, wenn du willst.« Leo schob sein Käppi hoch und blickte mich auf eine Weise an, die ich als eindeutig bezeichnen würde.

»Ja, vielleicht.«

»Machen wir, Lady.« Er hob seine Flasche hoch, köpfte mit den Zähnen eine neue und warf sie mir zu. »Salut.« Ich stieß mit ihm an.

»Bei Lucky ist noch Platz.« Jenny zeigte auf eine Stelle, die deutlich enger war als die neben Leo. Damit war alles gesagt.

»Ja, der kann ein bisschen weiblichen Trost vertragen«,

feixte Kuddel, der eine gepiercte Augenbraue hatte und schon etwas lallte, »hat heute seinen Job verloren.«

»Oh, tut mir leid.« Lucky warf eine Hand zum Zeichen der Gleichgültigkeit über die Schulter und ich erstarrte, konnte nichts dagegen tun. Er hatte ein Hemd mit rosa Blümchen an. Mir wurde flau im Magen und meine Glieder versteiften sich.

»Hey, alles klar?« Leila, ein blasses Hungermädchen, war aufgestanden und legte einen Arm um mich. Sie sprach sehr leise. »Du musst dich da nicht hinsetzen. Ich mach dir Platz.« Und damit schob sie sich zwischen Clives aufgestellte Beine, schmiegte sich an seine Lederkluft und klopfte auf den frei gewordenen Platz neben sich. Ich ließ mich sofort darauf fallen und atmete tief ein und aus, bis es mir wieder besser ging.

»Sicher ist sicher.« Latte, der nun neben mir saß, nickte mir zu. Er hatte wuschelige braune Haare, die lustig um seinen Kopf wippten, und war gekleidet, als würde er gleich zu einer Bergbesteigung aufbrechen. An seinem Gürtel hingen ein paar Karabiner und seine Wanderschuhe sahen so retro aus, als hätte er sie von meinem Opa geerbt. Ich fand's cool. *Abstürzen* würde man mit ihm wohl nicht.

»Du hast Lucky aber schnell durchschaut«, sagte Kuddel. »Nur sein Motorrad wird schneller heiß als er.« Er stieß seine Flasche an die von Lucky. »Meins übrigens auch. Also, wenn du mal Lust auf 'nen wilden Ritt hast, sag Bescheid.« Kuddel grinste.

»Ihr seid widerlich. Was ist denn in euch gefahren?« Jenny rollte mit den Augen, wie sie es auch schon in der Klinik getan hatte, als meine Mum mich mit ihrer mütterlichen Naivität bombardierte. »Kim ist gerade mal eine Minute hier und ihr fallt über sie her wie räudige Köter.«

»Einspruch, euer Ehren.« Lucky meldete sich. »Die Räude haben wir nicht.« Er schüttelte die Rastamähne.

»Die Notgeilheit reicht ja auch.« Jenny war richtig angepisst. Leo, der König der Köter, gab ihr einen Kuss.

»Jennylein, wo ein Schwanz ist, ist auch die Geilheit nicht weit.« Er legte eine Hand über eine ihrer Brüste. »Das müsstest du doch wissen.« Jenny schob seine Hand weg und sah ihn finster an. Leo schien das kalt zu lassen. Er war offensichtlich davon überzeugt, dass sie froh sein musste, mit ihm zusammen zu sein. Dann drehte er sich zu mir. »Ich hoffe, unser Neuzugang ist nicht so eine Spaßbremse.« Das hatte gesessen. Jenny sprang auf und verschwand im Dunkel. Leo schaute mich weiter an.

»Äh, also gegen Spaß ist nichts einzuwenden«, wand ich mich. Leo grinste, während von den anderen Pfiffe in allen Tonlagen folgten.

»Leo«, mahnte Ben, ein Typ mit Springerstiefeln, der bisher noch nichts gesagt hatte, »Jenny.«

»Was?«

»Na Mensch … ihr Stiefvater …Weißte doch. Jetzt geh schon zu ihr.« Leo warf genervt den Kopf hin und her, stand dann aber auf und verschwand ebenfalls in der Dunkelheit.

»Was ist mit ihrem Stiefvater?«, fragte ich.

»Der is nich so nett, okay?« Ben machte deutlich, dass er nicht mehr sagen würde und zündete mit einem Feuerzeug die Holzscheite in unserer Mitte an. Schnell stiegen die ersten Flämmchen auf und es wurde warm. Leo kam zurück.

»Hab sie nicht gefunden.«

»Obwohl du fast eine halbe Minute nach ihr gesucht hast?« Latte blickte auf seine Uhr.

»Das Leben ist kurz.« Leo sah mich an. »Stimmt's, Lady?«

»Oh Mann, Leo.« Leila stand auf und zog an Clives Arm. »Komm, wir gehen sie suchen.«

»Einer Dame widerspricht man nicht«, sagte Clive und blickte dabei Leo an. Dann stand er auf.

»Einer Dame vielleicht.« Leo grinste. Die beiden zogen Hand in Hand ab.

»Du kannst echt ein Arsch sein.« Ben machte sich eine neue Flasche auf. Leo ließ sich neben mich fallen, so dicht, dass unsere Arme sich berührten, und ignorierte Ben völlig.

»Wie wär's mit einem Spielchen?« Leo sah mich an. »Jeder stellt seinem linken Nachbarn eine Frage, die ehrlich beantwortet werden muss. Wer nicht antwortet, muss sein Bier auf ex trinken.« Keiner widersprach. Jubeln tat aber auch keiner. Mir wurde heiß.

»Okay, Lady, erstmal zum Aufwärmen. Wie findest du St. Pauli?« Er tippte an sein Käppi. Alle stöhnten auf. Aber ich atmete erleichtert aus. Das war zum Glück die perfekte Frage.

»I love it.« Das war mein Auftritt. »Ich gehör sozusagen zur Familie.« Alle blickten mich aufmerksam an. »Mein Bruder spielt da rechts außen.« Und plötzlich fiel alle Coolness von Leo ab.

»Waas? Ehrlich? Theo Dornberg ist dein Bruder?« Ich hatte ihn in der Hand.

»Exakt. Und Donna sozusagen meine zukünftige Schwägerin.«

»Echt jetzt? Kein Scheiß?« Leo wirkte wie ein aufgeregter kleiner Junge, der die Chance sah, seinem Idol zu begegnen.

»Kein Scheiß.« Er blickte mich mit offenem Mund an.

»Gleich macht er dir einen Heiratsantrag«, sagte Kuddel

und lachte. Leo nickte dämlich. Und ich bekam Oberwasser, ließ ihn zappeln und wandte mich Latte zu.

»Okay, Latte, bist du Links- oder Rechtsträger?« Latte machte große Augen, während der Rest der Mannschaft vor Begeisterung brüllte. In diesen Tumult hinein tauchte Jenny wieder auf, gefolgt von Leila und Clive. Leo bemerkte sie gar nicht, hing immer noch an meinen Lippen und hatte inzwischen wie zufällig eine Hand auf mein rechtes Bein gelegt. Ich fühlte mich so stark wie lange nicht mehr und machte in meiner Euphorie den ersten beschissenen Fehler meines neuen Lebens. Ich blickte Jenny übermütig an, so, als hätte ich eine Wette gewonnen, und bemerkte viel zu spät, dass ihr Herz mit einem lauten Knacken auseinanderbrach. Als ich Leos Hand von meinem Bein schob, war es schon geschehen. Jenny trat mit ihren glänzenden Lackschuhen mitten hinein ins lodernde Feuer und die brennenden Späne flogen in alle Richtungen. Wir sprangen auf und es gab ein wildes Handgemenge. Ben, Clive und Latte hielten schließlich Jenny fest, die immer noch um sich trat und Leo verfluchte. Lucky klopfte seine Klamotten aus, an denen glühende Funken hingen. Er schimpfte in einem fort.

»Fuck, Fuck, Fuck. Leo, du scheiß notgeiler Frauenversteher. Kannst du vielleicht mal deinen scheiß Schwanz im Zaum halten und einmal nett zu Jenny sein. Verdammt! Unsere Clique ist kein Jagdrevier. Wenn du dir jede neue Pussy gleich zur Brust nimmst, sitzen hier bald nur noch Schwanzträger. Dann können wir 'ne scheiß Therapiegruppe aufmachen. Es kotzt mich echt an.«

Alle waren in ihren Bewegungen eingefroren und starrten zu Lucky. Der sortierte sich wieder und sah mich erschüttert an.

»Sorry, Kim.«

»Lucky hat recht, verdammt.« Latte stellte sich neben ihn.

»Wie ihr wollt.« Leo sammelte seine Sachen ein und setzte das Käppi wieder auf, das er im Handgemenge verloren hatte. »Komm, Jenny.« Er streckte die Hand nach ihr aus. Aber Jenny rührte sich nicht, blickte ihn nur traurig an und schüttelte den Kopf. Da lachte Leo spöttisch, drehte sich um und verschwand in der Dunkelheit.

15

Am *Lido* ließ Leo sich nicht mehr blicken und sein Name durfte in Jennys Gegenwart nicht mehr in den Mund genommen werden. Aber er spürte mich auf Instagram auf, wo ich gerade einen Beauty-Channel à la Donna etablierte. Ich musste noch vor meinem ersten Schultag mein *Elfenstaub-Image* perfektionieren. Das würde mir gleich Respekt verschaffen und die Kerle einschüchtern, die sich leichtes Spiel erhofften. Ich gab mich als Model aus, nannte mich *@KimCat(walk)* und bearbeitete stundenlang meine Fotos, bis sie annähernd so aussahen wie aus einem Modemagazin. Leo meldete sich, als ich gerade ein Pic von mir vor einem Sternenhimmel gepostet hatte.

Hübsche Lady, du überstrahlst die ganze Galaxie, schrieb er. *KimCat(walk) ist viel zu irdisch für dich. Wie wäre es hiermit?* Und dann schickte er mir den Entwurf für ein Logo, das mich umhaute. Ein Planet mit Kussmund, umkreist von einer Art Saturnring, den seitlich eine Perle ziert. Darunter in kleinen Lettern *Kim Galaxy*. Ich zögerte keine Sekunde und taufte meinen Kanal kurzerhand um.

Steht dein Angebot noch?, schrieb ich ihm.

Welches von den beiden?, antwortete er und fügte einen Zwinkersmiley hinzu.

Das mit dem Tattoo.

Und schon einen Tag später besuchte ich ihn in seinem Studio in der Schanze und ließ mir das Logo aufs Handgelenk stechen. Es tat höllisch weh.

»Wie hast du mich so schnell auf Instagram gefunden?«

Leo lachte. »Das war ganz einfach. Ich folge deinem Bruder. Und der folgt dir.« Als er fertig war, sah er mich an. »Sag mal, Lady, kannst du dafür sorgen, dass ich ihn kennenlerne? Als Gegenleistung sozusagen.« Ich starrte ihn an. Den ganzen Vorabend hatte ich darüber nachgedacht, ob ich mich allein in die *Höhle des Löwen* begeben konnte und schließlich beschlossen, ein Pfefferspray einzustecken, für alle Fälle. Leo gefiel mir, aber ich traute ihm nicht, vor allem nach der Erfahrung mit Sami, in dem ich mich so geirrt hatte. Und außerdem fand ich Leos Verhalten Jenny gegenüber unter aller Sau. Ich hatte gehofft, er würde so etwas zu mir sagen wie: *Ich war scheiße zu Jenny, verdammt, aber das hat auch einfach nicht gepasst mit uns. Mit dir wird alles anders ...* Und dann wäre er mit mir Motorrad gefahren und hätte mir offenbart, dass er Vegetarier sei und ein Fan von *Perfect Girl*.

Aber *diese* Wendung versetzte mir einen Stich. Leo war überhaupt nicht an mir interessiert, sondern bloß an meinem *gottgleichen* Bruder! Er hatte mich im Netz aufgespürt, ein Logo für mich entworfen und stach mir nun kostenfrei ein Tattoo, was ihm eine Strafanzeige einbringen konnte. Und alles nur, um meinem Bruder näherzukommen. Das war so demütigend, dass mir Tränen in die Augen schossen und ich den Blick abwandte.

»Hey, Lady.« Er zog seine Gummihandschuhe aus und nahm mich in den Arm. Alles in mir schaltete auf Alarmbereitschaft und ich wurde stocksteif. Als seine Hand meinen Busen streifte, raste mein Herz und ich japste nach Luft wie eine Erstickende. Er ließ mich los und trat einen Schritt zurück.

»Was ist denn mit dir, verdammt nochmal.« Er wurde panisch. »Brauchst du einen Arzt oder was?« Er starrte das Tattoo an und berührte mein Handgelenk. »Hast du irgendwelche Allergien?« Ich sprang auf.

»Fass mich nicht an, du Scheißkerl. Sonst hol ich die Polizei.« Ich zerrte das Pfefferspray aus meiner Tasche und hielt es drohend in die Höhe.

»Waas? Bist du verrückt?« Er trat noch einen Schritt zurück. Ich schnappte meine Sachen und lief einfach hinaus, rannte die Straße entlang, weinte und fluchte, bis ich endlich zu Hause in meinem Zimmer war und die Tür abschloss. In Sicherheit vor allen Betrügern dieser Welt.

Meine Eltern rasteten aus, als sie das Tattoo sahen, und zeigten Leo tatsächlich an. Aber schlimmer war, dass Jenny sofort wusste, wer es gestochen hatte, und einen Heulkrampf bekam.

»Warum hast du das gemacht?«

»Mann, Jenny. Er hat einfach einen coolen Entwurf gemacht. Das ist alles.« Sie blickte mich feindselig an und ich sah beschämt weg.

»Das kannst du deiner Oma erzählen. Verdammt, wieso tust du mir das an?«

»Meine Oma ist tot, Jenny«, sagte ich traurig.

»Da haben wir ja tatsächlich etwas gemeinsam.« Sie warf einen dicken Prügel ins Lagerfeuer.

»Ich finde, das reicht jetzt.« Latte setzte sich zwischen uns. »Leo hat dich immer wieder betrogen.« Er nahm Jennys Hand. »Er hat dich nicht verdient. Und Kim hat sich doch nur ein Tattoo stechen lassen.« Er nahm auch meine Hand. »Wie Olaf.« Olaf hob seinen Arm und zeigte sein Chamäleon. »Der wollte auch nichts mit ihm anfangen.« Olaf grinste. »Ich finde, Kim hat eine Chance verdient.« Die anderen nickten und murmelten Zustimmung. Jenny sagte nichts, widersprach aber auch nicht. Sie zog ihre Hand zurück, bis sie im Ärmel der viel zu großen Jacke verschwand, und blickte stumm ins Feuer. »Gut.« Latte lächelte mich an. Seine Hand war warm und groß. Es fühlte sich okay an. Die Monster blieben stumm.

16

Zwei Wochen später ging ich zum ersten Mal in die neue Schule. Meine Eltern hatten die Lehrer über mein *Mobbing-Trauma* informiert und mich als *suizidgefährdet* eingeführt. Ich hatte ihnen zuvor noch eine schlüpfrige Nachricht von Rapha gezeigt, der meine neue Nummer herausgefunden hatte. Hoch alarmiert waren sie damit zur Polizei gegangen. Und mit der Schulpsychologin hatten sie ausgehandelt, dass ich erst einmal in Ruhe gelassen und keinem Stress ausgesetzt werden sollte. Da ich, außer in Mathe, bisher immer gute Noten schrieb, ließ sich die Schule auf den Deal ein. Genial. Für mich klang das so: Ich konnte tun und lassen was ich wollte – ohne Konsequenzen. Meine Laune war dementsprechend gut, als ich den neuen Schulhof überquerte. Für mein neues Leben hatte ich den Donna-Style genau studiert und mir einverleibt. Ich wollte Donna *sein* und vor allem wollte ich die Unnahbarkeit, die sie ausstrahlte, zu meinem neuen Markenzeichen machen, *gebündelter Elfenstaub* eben.

»Das ist Kathinka.« Frau Brixmann, die Direktorin brachte mich höchstpersönlich in den Unterricht. Ein paar Milchgesichter pfiffen.

»Kim«, sagte ich.

»Oh, ach so. Gut.« Frau Brixmann blickte auf ein Papier in ihrer Hand. »Kim ist ab heute in eurer Klasse. Heißt sie bitte willkommen.«

»Kein Problem.« Ein blasser Typ mit hochgegelten Haaren zwinkerte mir zu. Einige Jungs lachten. Damit war klar, wer hier der Ober-Vollpfosten der Klasse war.

»Lennart!« Ein wurstiger Lehrer hob warnend den Zeigefinger.

Die Direxe schüttelte mir die Hand, wünschte alles Gute und ging hinaus. Auf den ersten Blick war nichts zu holen in dieser Klasse, aber auch nichts zu befürchten. Sie war also perfekt für mein neues Leben. Die Jungs sahen alle aus, als würde sich ihr Sexleben auf Pornofilmchen unter der Bettdecke beschränken und die Mädels schienen noch nie ein Beauty-Tutorial gesehen zu haben, geschweige denn eine Bewerbung bei Sonni auch nur im Entferntesten in Erwägung zu ziehen. Ein Typ in der zweiten Reihe war der Einzige, aus dem etwas werden konnte. Die roten Locken hätte man stutzen müssen und der Sixpack war eher ein Nopack. Der Rest der Klasse war Wüste.

»Hey, warum kommst du mitten im Schuljahr? Haben sie dich rausgeworfen, weil die Jungs ständig in Ohnmacht gefallen sind?« Einige lachten.

»Lennart, ich möchte, dass du deine schnelle Zunge im Zaum hältst, verstanden?« Der Lehrer schien die Klasse ziemlich gut im Griff zu haben. Es wurde mucksmäuschenstill. »Tja, ein paar schwarze Schafe gibt es überall.« Er reichte mir die Hand. »Ich bin Herr Poschek.« Er blickte sich im Raum um. »Mohammed, setz dich doch bitte zu Joshua. Und du«, er sah wieder zu mir, »dahin, wo Mohammed saß.«

Die Stunde plätscherte so vor sich hin und ich konnte meinen Gedanken nachhängen ... bis zur ersten Pause.

»Ich bin Latifa.« Eine der Klassenjungfern stand vor mir

und lächelte. Ich sagte lieber nichts. Das wäre sonst wie eine Steilvorlage für die anderen gewesen und ich wollte sie mir ja alle vom Hals halten. Sonst kämen Fragen und vielleicht sogar Einladungen. Und dann würde ich wieder drinhängen in so einer gefährlichen Gemeinschaft, in der ich unter Beobachtung stand und jederzeit mit Kommentaren zu meinem Verhalten zu rechnen hatte. Nein. Ich würde das unbeschriebene Blatt bleiben. Latifas Lächeln wurde starr wie das einer Puppe. Sie wartete noch einen Moment, dann drehte sie sich um und ging zu den anderen Mädchen.

Mein Handy vibrierte. Auch das noch. Lennart hatte mich zur Klassenchatliste hinzugefügt. Ich sah auf und er warf mir ein breites und ziemlich dämliches Grinsen zu. Ich wollte mich gerade wieder aus der Liste löschen, da ploppten zwei Gedanken auf. Der erste war, woher Lennart verdammt nochmal meine Nummer hatte. Und der zweite, dass es vielleicht gar nicht so schlecht war, Zugang zu der Gruppe zu haben. Denn falls mir irgendwann jemand mit Scheiße kommen sollte, hatte ich hier ein Forum zur Gegenwehr.

»Woher hast du meine Nummer?« Ich stellte Lennart nach der Schule auf dem Hof direkt zur Rede. Wieder dieses dämliche Grinsen. »Stalkst du mich oder was?«

»Hey, ein Drink in 'ner schummrigen Bar würde reichen, erstmal.« Er lachte über seinen grandiosen Witz.

»Hör mal, Spacko. Du lässt mich in Ruhe, dann lass ich dich in Ruhe. Klar?« Er kam näher und senkte die Stimme.

»Hör mal, *Chica*. Ich finde, wir sollten uns mal zu einer *türkischen Runde* treffen.« Shit. Was ging denn hier ab? Woher...? Wie konnte dieses Milchgesicht...? Scheiße nochmal. Jetzt lachte der Arsch auch noch. »Mein Bruder Rapha hat viel von dir erzählt.« Rapha? Der Rapha? Dann wusste …? Meine Beine verwandelten sich in Gummi. Ausgerechnet Raphas kleiner Kackbruder. Das war … Moment. Da fiel mir doch etwas ein, das Rapha mal über seinen Bruder erzählt hatte, nämlich dass der mal völlig hacke war und Rapha ihm 'ne Nutte bezahlt hat, damit er *erste Erfahrungen* sammelt.

»Rapha hat übrigens auch von dir erzählt, Lennyboy.« Jetzt verschwand diese Grinsevisage endlich. »Hat was mit der Herbertstraße zu tun.« Ha, Milchgesicht passte jetzt perfekt. Er wurde kreidebleich. Ich stupste ihn an die Schulter. »Ich würde sagen, Spacko, du hältst ab jetzt einen Sicherheitsabstand von zwei Metern. Klar?« Er nickte blöde. Das Gute war, dass er mehr zu verlieren hatte als ich, denn es war in den Pausen offensichtlich, dass ihm die Klassengemeinschaft wichtig war. Sie hatte ihn sogar zum Klassensprecher gewählt. Mir war sie scheißegal. Und ein kleiner Post im Klassenchat … Ich freute mich diebisch über diesen Plot.

Aber als ich nach der Schule in mein Zimmer kam und der geschändete einäugige Teddy verloren auf meinem Bett saß, überfiel mich plötzlich ein Gefühl endloser Leere. Ich dachte an Omimi, die immer gewusst hatte, wie es mir wirklich ging, und predigte, ich solle auf mein Herz hören. Aber wie sollte ich auf mein Herz hören, wenn es verstummt war? Die Monster tanzten darauf Pogo, rammten ihre fauligen Fersen in alles Weiche und brüllten jede zarte Regung nieder. Wurde ich selbst zum Monster? Warum fühlte ich nur noch Kälte? Ich rief in meinem Handy ein altes Video auf. Ich hatte Vivi zum Geburtstag die Tasche geschenkt, die sie sich so lange gewünscht hatte und die sie sich niemals hätte leisten können.

Das Geschenkpapier hatte ich selbst bemalt, mit lauter roten Herzen und viel Glitzer. In der Tasche war ein kleiner Marmorkuchen in Herzform gewesen, mit lauter Smarties darauf, ebenfalls in Geschenkpapier. Vivi hatte geweint vor Rührung und mich hysterisch quietschend umarmt. Warum tat es nicht weh, das anzusehen? Wir hatten unser ganzes Leben miteinander verbracht und wussten alles voneinander. Und nun war es vorbei. Einfach so. Und an die Sache mit Sami wollte ich gar nicht denken. Dabei wurde mir nur übel. Etwas in mir war tot. Denn obwohl ich eine bodenlose Traurigkeit wahrnahm, schien sie nichts mit mir zu tun zu haben. Sie umgab mich wie eine Blase, in deren Mitte ich fortan leben und von der jeder abprallen würde, der mir zu nahe kam. Ich war sicher in der Blase ... aber auch ohne Verbindung zur Außenwelt. Der einzige Kanal war mein Insta-Kanal. Und wenigstens da konnte ich so tun, als wäre ich bereits eine Kopie von Donna.

17

Vielen Dank für deine Bewerbung, aber das Mindestalter ist 16 Jahre.

Das war's. Nach all meinen Videos nur diese eine Zeile. Ich starrte bestimmt fünf Minuten reglos auf die Mail. Dann kamen Gefühle, viele beschissene Gefühle. Tot konnte ich also nicht sein. Mein Herz raste, angetrieben von Wut auf Sonni und Hass auf mich selbst. Ich knallte wahllos Sachen an die Wand: einen Stiletto, den Wecker, einen Bilderrahmen mit Geburtstagsfoto von mir als »Topmodel« sowie einen ganzen Stapel Modezeitschriften. Scherben und Papierfetzen, Schrauben und Holzspäne. Genau so sah es in mir drin aus. Ein Chaos aus kaputten Erinnerungsstücken und enttäuschten Hoffnungsfetzen. Ich war einfach aussortiert worden. Für alles immer zu jung. Es kotzte mich an. Motorradfahren ... zu jung. Alkohol ... zu jung. Diskos ... zu jung. Tattoos ... eigentlich zu jung. Und auch für *Perfect Girl* war ich immer noch zu jung. Perfektion fing mit 16 an. Das Leben fing mit 16 an. Ich war in so einer Art gläsernem Geburtskanal gefangen, hing unwillkürlich an Mums Nabelschnur und sah den anderen beim Leben zu. Wie hatte Donna die Zeit überbrückt? Ich öffnete ihren Kanal und sah mir ältere Fotos an. Wenigstens im Netz konnte man das Alter *korrigieren*. Da fragte keiner nach dem Perso. Ich wollte endlich Spaß haben, verdammt, und das fühlen, was von mir übrig war. Trotzig meldete ich mich auf Tinder an und gab mir das Profil einer Rockerbraut, die Fun suchte. Als Namen trug ich *Kimkomm* ein, das war eindeutig zweideutig. Und als Hobby natürlich Motorradfahren. Ich war nun volljährig, am Beginn einer Grunge-Modelkarriere und auf der Suche nach reifen Jungs ab 18, die eine schnelle Maschine hatten. Bo war ja schon *abgefahren*.

Und tatsächlich, innerhalb von einer halben Stunde ergaben sich schon die ersten Matches. Einer der Typen, Alif, passte am besten in mein Pseudo-Beuteschema. Er hatte Augen so schwarz wie mein Herz, war 22 und Leistungssportler. Sein Sixpack strapazierte die Nähte seines T-Shirts und ein Bikertattoo auf dem Oberarm war virtuos auf einer *Muskelwelle* platziert. Er schrieb, dass er mich *nice* fand und das Leben *zu kurz für Spaßbremsen* sei. Perfekt. Mulmig war mir schon, als wir uns verabredeten, aber viel zu verlieren hatte ich ja nicht mehr. Wir trafen uns in der *Daniela Bar*. Ich kam absichtlich ein wenig zu spät, wollte da auf keinen Fall alleine herumsitzen und warten. Er lehnte an der Theke und unterhielt sich mit der Barfrau, die eindeutig mit ihm flirtete. Sie strich sich durch die Haare, lehnte sich zu ihm hinüber und warf den Kopf neckisch zurück, während sie lachte.

»Hi.« Ich tippte ihm auf die Schulter.

Er drehte sich um, blickte an mir herunter und lächelte. »So willst du Motorrad fahren?« Ich hatte eine Bluse, knappe Shorts und hohe Schuhe an.

»Ich dachte, du gibst mir deine Lederjacke.« Ich zupfte an seiner Biker-Jacke.

»Ooookayyyy.« Er legte ein paar Münzen auf die Theke. »Dann los.« Und keine fünf Minuten später saßen wir schon auf seiner Suzuki und brausten aus der Stadt. Es war verrückt, aber auch wahnsinnig aufregend. Ich fühlte mich lebendig wie lange nicht mehr, trieb ihn an, schneller zu fahren und brüllte der sinkenden Sonne Freudenschreie entgegen. Ich hatte keine Ahnung, wohin wir fuhren und bei wem ich da eigentlich auf der Maschine saß, und es war mir auch völlig egal. Ich wollte nirgendwo ankommen. Ich wollte nur fahren, den Wind spüren, der meine Haut massierte, mich dem Rausch der Geschwindigkeit hingeben und ganz im Moment sein, ohne die Last der Vergangenheit und ohne Zukunft. Dann tauchte plötzlich das Meer vor uns auf. Alif parkte die Maschine und wir suchten eine windstille Stelle in den Dünen, wo wir uns niederließen. Die Sonne ging glutrot unter, ein paar Möwen kreischten und ich dachte, dass eigentlich alles unglaublich perfekt war. Aber fühlen konnte ich es nicht. Mein altes Leben hatte ich zwar hinter mir gelassen, aber die Monster folgten mir überallhin und versperrten mir die Sicht auf die romantische Kulisse. Ich blickte Alif an, der Koseworte auf mich regnen ließ, die er bestimmt bei jedem Tinderdate aufsagte. Okay, er *war* nett, aber in seinen Augen glühte dieses dämonische Feuer, das mich erstarren ließ. Ein dicker roter Alarmknopf leuchtete auf, als sein Arm sich um meine Schultern legte, und ich drückte ihn schnell, bevor etwas Unvermeidliches passieren würde. Ich schrie, entwand mich seinem Arm und sprang auf.

»Hey, Beauty, was ist los?« Er hob entschuldigend die Hände.

»Da ... da ... Ich glaub, da war eine Spinne.« Alif lachte.

»Du kachelst mit 200 Sachen und einem Wildfremden über die Landstraßen und hast Angst vor einer Spinne?« Er schüttelte belustigt den Kopf.

»Hatte mal ein blödes Erlebnis mit einer«, log ich und fasste in Sekundenschnelle einen Plan.

»Ach ja?«

»Ja. In Guatemala. Im Dschungel.«

»Aber ich schätze, das war ein anderes Exemplar.« Er sah sich um. »Die hier ist ja nicht mal zu sehen.« Er klopfte neben sich. »Na komm, *Kimkomm*.« Aber ich blieb stehen, riss meine Augen auf wie eine Irre und legte mein ganzes Schauspieltalent in die Waagschale. »Hey, du meinst doch wohl nicht mich, oder? Ich bin nicht giftig, Herzchen.« *Oh doch, wenn du wüsstest, wie giftig du bist. Denkst, jede verfluchte Pussy würde dich anbeten und winselnd vor dir herumkriechen, bis du sie endlich mit deinem scheiß Schwanz erlöst.* Ich ließ meinen Mund so lange offenstehen, bis mir Spucke aus dem Mundwinkel lief. Erstaunlicherweise machte mir die Show langsam Spaß. Ich musste mich beherrschen, nicht laut loszulachen, denn Alif blickte mich so verdutzt an, dass all seine Coolness aus seinem kernigen Gesicht fiel und einer langsam heraufkriechenden Panik wich. »Hey, alles klar?« Ich starrte ins Unscharfe, schüttelte in Zeitlupe den Kopf, zerwühlte mir die Haare und stotterte etwas von Tabletten, die ich vergessen hatte. Alif zögerte keine Sekunde, sprang auf, startete die Maschine und jagte mit mir wieder zurück nach Hamburg. Mir war eisig in den Shorts und die Nacht legte sich um uns wie ein schwerer kalter Mantel. Aber ich jauchzte glücklich in die Dunkelheit, spürte endlich neue Kraft und war mir sicher, dass Alif mich nie wieder bedrängen würde.

18

Am nächsten Morgen verschlief ich. Meine Eltern waren wie immer schon früh aufgebrochen und ich hatte vergessen, den Wecker zu stellen. Ich beschloss, meine Freiheiten, die ich in der neuen Schule genoss, zu nutzen und blieb einfach liegen, sah mir eine alte Folge *Perfect Girl* an, in der die Mädchen auf einem fahrenden Bett in aller Öffentlichkeit Unterwäsche präsentieren sollten. Ich fluchte auf mein Alter und beschloss, mich ein wenig mit Shoppen abzulenken. Es war ein Wochentag, elf Uhr. Die Damenmodenabteilung vom Alsterhaus war gut besucht, aber nicht überfüllt. Ich dachte an Alif, der sich hastig verabschiedet hatte. *Ich melde mich*, hatte er gesagt und mich anschließend bei Tinder gelöscht. Ich grinste, nahm ein Leopardenshirt von einem Bügel und suchte eine freie Umkleidekabine auf. Als ich gerade das Shirt übergestreift hatte, stürzte plötzlich ein Kerl in meine Kabine. Er sagte kein Wort, starrte mich nur an, während ich dastand wie eingefroren und versuchte, einen Schrei herauszupressen. Da wurde der Vorhang aufgerissen, jemand brüllte, zerrte den Kerl aus der Kabine, der sofort verschwand, und fragte mich etwas, das ich nicht verstand. Ich sah mich selbst da stehen, aus der Vogelperspektive, als ob der Körper nicht mit mir verbunden war. Ich sah mich nicken, weinen, die Arme vor meiner Brust verschränken.

»Er ist weg. Du bist in Sicherheit.« Die Stimme klang warm

und wohlwollend. »Komm, ich bring dich nach draußen.« Und langsam, ganz langsam spürte ich wieder ein wenig Leben in mir. Ich ließ mich von dem Fremden führen wie eine Blinde, stieß einen Kleiderständer um, hörte jemanden fluchen, hörte den Fremden, der alle Wogen glättete, mich sicher durch die Fluten nach draußen brachte, bis ich in einem Café an der Ecke auf einer roten Couch endlich wieder atmen konnte.

»Ich bin Mick«, sagte der Fremde. Ich sah ihn zum ersten Mal bewusst an. Er hatte warme braune Augen, einen Dreitagebart, trug eine Kappe mit dem Emblem von Dolce & Gabbana und war mindestens dreißig. Er nahm meine eiskalten Hände in die seinen und lächelte zögerlich.

»Möchtest du einen Kaffee?« Ich nickte. Mehr ging noch nicht. Was war da eigentlich gerade geschehen? Warum saß ich hier plötzlich mit diesem wildfremden Mann? War das alles wirklich passiert? Mir wurde flau im Magen und ich zog die Hände zurück.

»Einen Tee«, sagte ich.

»Brauchst du noch etwas?« Mick winkte einem Kellner. Ich schüttelte den Kopf. »Willst du vielleicht jemanden anrufen, dich abholen lassen?« Wieder schüttelte ich den Kopf. Wen hätte ich denn anrufen sollen? Meine Eltern vielleicht? Damit sie mich bemitleideten und Dad die Polizei gerufen hätte? Damit jeder die Sache erfahren hätte und Dads arme kleine Prinzessin eine Weile zu Hause geblieben wäre, damit ihr nichts hätte passieren können? Und weil beide ja arbeiten mussten, Omimi tot war und Theo trainierte, hätten sie bestimmt Mathilda Bescheid gesagt, unserer Nachbarin, damit sie *nach mir sieht*. Und dann wäre der ganze Scheiß wieder von vorne losgegangen und ich wieder die gewesen, um die man sich Sorgen machen musste und bei der es nicht so glatt lief wie bei Theo. Verdammt. Es lief ja auch nicht so glatt wie bei Theo. Warum passierten immer mir solche Dinge?

»Nein danke. Ich komm schon zurecht.« Zum Glück legte Mick seine Stirn nicht in Falten, wie Dad es so gerne tat, sondern er lächelte.

»Ja, davon bin ich überzeugt.«

»Warum?«

»Man sieht dir an, dass du stark bist, dass du weißt, was du willst, und dass dich so schnell nichts umhaut.« Ich lächelte unwillkürlich. Das hatte noch keiner gesagt. Vivi vielleicht ein bisschen, aber da war sie auch noch meine Freundin gewesen und hatte also nett sein wollen. Aber Mick kannte mich gar nicht, wusste nichts über mich, hatte also einen völlig unvoreingenommen Eindruck von mir und behandelte mich wie eine Erwachsene. Mir wurde endlich wieder warm, noch vor dem ersten Schluck Tee.

»Woran siehst du das?«

»Eine Begleiterscheinung meines Jobs. Ich habe inzwischen einen Riecher für junge Talente. Aber jetzt geht es um dich. Dieser Scheißkerl eben hatte jedenfalls keinen Respekt vor Frauen.« Ich nippte an meinem Tee und lächelte.

»Welcher Job denn?«

»Wollen wir wirklich über mich reden?«

»Ja.«

»Nun gut. Ich bin Modefotograf, arbeite viel mit Modelagenturen zusammen.« Mir fiel fast die Tasse aus der Hand. Soviel Glück im Unglück war doch echt nicht zu fassen. Ich bemühte mich, ganz cool zu bleiben.

»Oh, interessant.«

»Es geht so. Ist nicht einfach, neue Models zu finden, die wirklich was taugen. Angebote gibt es genug. Aber meist fehlt das gewisse Etwas, irgendein Alleinstellungsmerkmal.«

»Was meinst du zum Beispiel?« Ich sprach betont nüchtern, als würde mich das alles überhaupt nichts angehen.

»Deine Augen zum Beispiel. Du hast sehr besondere Katzenaugen, groß und schmal, mit einem stechenden Blick. Das ist etwas Besonderes. Aber die wenigsten haben so ein Merkmal.« Er bezahlte die Rechnung und gab mehr Trinkgeld, als die beiden Getränke kosteten. »Erzähl doch lieber etwas von dir. Was machst du gern?« Sein Handy vibrierte und ich sah das Bild einer schönen Frau auf dem Display. Mick ignorierte den Anruf völlig.

»Was sollte ich nur erzählen? Ich konnte doch nicht sagen, dass ich genau das machen wollte: modeln, und dass ich nur auf so eine Gelegenheit wie diese hier gewartet hatte. Auch Poledance war mir peinlich. »Ich interessiere mich auch für Mode«, sagte ich in meiner Not und spürte, wie mein Gesicht heiß wurde.

»Ah ja?«, Mick lachte. »Das trifft sich ja gut.«

»Wirklich?«

»Ja, wirklich. Denn ich halte immer Ausschau nach neuen Talenten.« Er grinste.

»Oh, ah. Ja. Bist du denn auch Agent?«

»Nein, aber ich vermittle meine Entdeckungen gerne an eine Agentur, die mich dafür empfiehlt.«

»Verstehe.«

»Also, Kim, ich weiß, dass es ein bisschen komisch rüberkommt, aber ich habe dich natürlich bemerkt, vorhin im

Kaufhaus. Du hast eine wirklich tolle Ausstrahlung und bist durch die Reihen geschritten wie über einen Laufsteg. Wahrscheinlich nerve ich dich jetzt und ich verstehe, wenn du ablehnst, aber falls du mal Lust auf ein Probeshooting hast, dann kannst du mich gerne anrufen.« Er legte mir sein Kärtchen auf den Tisch. *Mick Bundschuh, Modefotograf.* Das musste ein Traum sein. Sowas passierte doch nur im Film. Ich wäre ihm am liebsten um den Hals gefallen.

»Ich überleg es mir mal.« Ich würgte einen Freudenschrei herunter. So leicht wollte ich nicht zu haben sein. Ich nahm das Kärtchen an mich wie eine Wildcard für *Perfect Girl*.

»Tu das. Ich würde auch dafür sorgen, dass mein H&M-Team dabei ist.«

»H&M?«

»Hair und Make-up.« Sein Handy vibrierte wieder und ich sah ein Gesicht auf seinem Handy, das ich kannte: Dan Bradley, einer der Juroren aus Sonnis Team. Der Himmel schien es plötzlich gut mit mir zu meinen.

»Entschuldige bitte, der hier ist wichtig«, sagte Mick und nahm den Anruf entgegen. »Hi ... tut mir leid, war ein Notfall.« Er lächelte mich an. »Ich musste eine junge Dame aus einer Zwangslage befreien. Bin sofort da.« Er steckte das Handy ein. »Ich muss los, habe noch ein Shooting.« Er stand auf. »Du bist eine beeindruckende junge Frau, Kim. Es war mir eine Ehre, helfen zu können.« Er verbeugte sich leicht.

»Ja, danke.« Ich brachte keinen vernünftigen Satz mehr über die Lippen. Aber als Mick gegangen war und ich das Kärtchen in meiner Hand anstarrte, brach ein Freudenschrei aus mir heraus und es war mir völlig egal, dass mich alle im Café anstarrten.

19

Nachts ging es los. Ohne Vorwarnung. Ein endloser Albtraum, der einen Schatten über all meine Tage warf, sogar über die Topptage, die absolut großartigsten Knallertage. Der Schatten folgte mir überallhin, ließ mich an warmen Tagen frösteln und an hellen Tagen umherirren, orientierungslos. Das Schattenmonster erhob sich des Nachts, bäumte sich vor mir auf, zeigte seine fiese Fratze, brüllte sein markerschütterndes Leid heraus und rüttelte an mir wie ein lebensbedrohliches Erdbeben. Riesige haarige Pranken nahmen sich meinen Körper vor, fassten überall hin, hielten mich fest, wenn ich weglaufen wollte, würgten mich, bis ich kaum noch Luft bekam. Ein fauliger Geruch strömte aus den Poren der Nacht, hüllte mich ein, ließ mich keuchend erwachen, schweißnass und mit zugeschnürter Brust. Ich schloss mich lange im Bad ein, betrachtete, über die Kloschüssel gebeugt, mein verzerrtes Spiegelbild im Becken, auf der Suche nach etwas Vertrautem, etwas, an dem ich mich hinüber ins Licht hangeln konnte. Aber da war nichts. Panisch suchte ich nach irgendeiner angenehmen Stelle in meinem Körper, einem Fluchtort, an dem ich in Sicherheit war. Und endlich, tief in meinem Bauch fand ich einen warmen Schauer, eine Lichtung, das Bild eines Babys, geschützt in den Armen der Mutter. Ich selbst war dieses Baby. Und es war vollkommen rein. Langsam beruhigte sich mein Atem.

»Bist du da drin, Tinkilein?« Mum klopfte an die Badezimmertür. »Ist alles in Ordnung?«

»Hm.« Beinah hätte ich die Tür geöffnet. Aber da drückte Mum energisch die Klinke herunter, immer und immer wieder.

»Lass mich rein«, rief sie. »Mach auf, bitte ... Jetzt sei doch nicht so stur.« Und da erlosch das wohlige Bild in mir, als hätte jemand das Licht ausgeknipst, und ich war wieder die unvollkommene kleine Theo-Schwester, die sich ändern musste, um ihr Leben auf die Reihe zu kriegen, das störrische Problemkind, das Sorgenkind, das verpeilte, ungeschmeidige und undankbare Prinzesschen. Wütend, eines Schatzes beraubt, knallte ich den Klodeckel auf die Brille, kauerte mich darauf, schlang meine Arme um die angezogenen Beine und summte laut vor mich hin, damit ich nichts Feindliches mehr hören musste. Es dauerte lange, bis ich mich beruhigte. Ich wartete noch eine Weile, bevor ich die Tür öffnete und erschrak. Mum hockte im Dunkeln auf der Schuhbank. Sie stand sofort auf.

»Was ist los?«

»Nichts. Was soll sein?«

»Du hast geweint.«

»Na und?«

»Willst du mir nicht sagen, was los ist?«

»Alles gut, Mum.«

»Ist es wegen Vivi? Fehlt sie dir?«

»Kann sein.«

»Mir fehlt sie auch. So ein nettes Mädchen. Vielleicht braucht sie ein bisschen, um ihre erste Liebe und eure Freundschaft unter einen Hut zu bringen. Oder hast du sie verletzt?«

Mum streichelte mir über den Arm. Ich schwieg, kannte das schon. Es konnte nur an mir liegen, dass sich Vivi verabschiedet hatte. »Vielleicht solltest du sie mal anrufen. Ich kann mir nicht vorstellen, dass sie dich einfach so fallen lässt. Das passt nicht zu ihr. Sie ist doch immer so bemüht, es allen recht zu machen.«

Aha. Mit *allen* meinte sie natürlich mich. Übersetzt hieß das so viel wie: Ich bau ständig Scheiße und meine tolle Freundin sieht großzügig darüber hinweg. Na wunderbar.

»Weißt du was, Mum, ruf du sie doch an. Zu dir passt sie doch auch viel besser.«

»Was soll das denn?« fauchte Mum. »Ich will dir nur helfen. Und du fährst gleich wieder deine Krallen aus. Kein Wunder, dass ...«

»Sag es nicht. Ich kann es nicht mehr hören. Manchmal frage ich mich, ob ich wohl in der Klinik vertauscht wurde. Es kann doch nicht sein, dass so perfekte Eltern so einen perfekten Sohn, aber so eine total missratene Tochter bekommen haben, oder?« Sie schüttelte empört den Kopf.

»Sag mal, was ist denn mit dir los? Wie kommst du auf so unfassliche Ideen? Wir tun doch alles für dein Glück. Dein Vater hat sich ein Bein ausgerissen, damit du auf dieses Vorzeigegymnasium kommst. Und ich sitze hier stundenlang auf dem Flur, weil ich mir Sorgen um dich mache und für dich da sein möchte.«

»Ja, das kannst du wirklich gut, dir Sorgen um mich machen. Ich hab fast das Gefühl, dass es ein Hobby von dir ist, oder?« Und damit ließ ich sie stehen und verzog mich in mein Zimmer, wo ich wieder allein war mit dem Schatten. Ich fühlte mich wund und furchtbar allein. Aber das Schlimmste war, dass ich mich selbst fragte, ob etwas mit mir nicht stimmte. Es war, als hätte etwas Fremdes, Düsteres von mir Besitz ergriffen, etwas das mich fernsteuerte und die Worte in meinem Mund so zusammenfügte, dass sie andere verletzten und von mir forttrieben. Um mich herum baute sich ein Feld auf wie ein Airbag, an dem andere Menschen abprallten wie Plus- von Minusteilchen. Wer war ich eigentlich? Und war ich überhaupt liebenswert? War ich nicht selbst Schuld daran, dass niemand mich liebte?

Ich machte meine Schreibtischlampe an, ein lächerlicher Versuch, dem Schatten etwas entgegenzusetzen. Ich summte wieder vor mich hin und wiegte mich selbst in den Schlaf, einen beunruhigenden Schlaf, in dem das haarige Schattenmonster mit mir tanzte, immer schneller und schneller, bis mir alles wehtat. Aber es ließ nicht los, drückte mich nur fester an sich und raunte mir zu, dass es mich nie wieder allein lassen würde.

20

»Hi. Hier ist Kim.«
»Kim. Toll, dass du dich meldest. Wie geht es dir?«
»Gut.«
»Das freut mich.«
»Ich würde das gerne machen, mit dem Probeshooting.«
»Wirklich? Das ist die beste Nachricht des Tages. Kannst du morgen Vormittag? Dann bereite ich alles vor.«
»Ja, klar.«
»Gut. Ich freu mich auf dich. Du brauchst nichts mitzubringen. Welche Schuhgröße hast du?«
»37.«
»Oh, vielleicht bringst du deine eigenen High Heels mit, wenn du welche hast.«
»Ja, mach ich.«
»Und eine Einverständniserklärung deiner Eltern.«
»Kein Problem.«
»Die Adresse steht ja auf dem Kärtchen. Um elf?«
»Okay.«

In meinem Kopf raste alles. Die Einverständniserklärung konnte ich selbst machen. Schon morgen? Und er freute sich. Ich musste alles versuchen, um den *Airbag* abzuschalten. Mick war wirklich nett. Ich durfte es mir nicht mit ihm verscherzen. Also, was hatte ich von Sonni gelernt? *Ein Model muss viele Facetten zeigen können. Du musst richtig Gas geben.*

Zeig, dass du es kannst. Okay. *Wenn du nach oben willst, musst du die Zähne zusammenbeißen. Du musst üben, üben, üben.* Wenn ich etwas konnte, dann Zähne zusammenbeißen. Meine Kiefermuskeln waren im Hochleistungsmodus vom vielen Zusammenbeißen. Ich war wieder mal an etwas schuld: Zähne zusammenbeißen. Das *erste Mal* war richtig Scheiße: Zähne zusammenbeißen. Omimi fehlte unendlich: Zähne zusammenbeißen. Immer wieder Blümchenstoff irgendwo: Zähne zusammenbeißen. Ja, das konnte ich. Vielleicht war es sogar meine größte Begabung. Eine Top-Zähne-Zusammenbeißer-Castingshow würde ich definitiv gewinnen. Ich zog meine Glitzer-High-Heels an und stolzierte vor meinem Wandspiegel auf und ab. *Du musst hart werden. Ich will nichts schwabbeln sehen …* hatte Sonni gesagt. Aber da schwabbelte etwas. Meine Brust war es nicht, aber auf der Innenseite der Oberschenkel waren noch ein paar Gramm Fett. An meinem Thigh-Gap musste ich noch arbeiten. Bis morgen würde ich das nicht schaffen. Aber ich fing sofort an zu trainieren und aß am Abend nichts. Die Schule schwänzte ich natürlich. Für Sonni war ich noch zu jung, aber Mick schien das nicht zu stören. Er hatte mich nicht einmal nach meinem Alter gefragt. Am liebsten hätte ich Donna angerufen und mir Tipps von ihr geben lassen. Aber die Gefahr war zu groß, dass meine Eltern dann davon erfuhren. Ich musste ganz zufällig bei Theo vorbeischauen und mit etwas Glück war Donna da und goss einen Kübel Elfenstaub-Glitter über mich aus. Ich zog meine High Heels an und übte den Walk. Der Knöchel schmerzte. Meine Kiefermuskeln mahlten, während Ava Max aus der Wonderboom-Box schallte: »Sweet but Psycho«.

21

»Was für eine Überraschung am frühen Morgen. Hast du die Schule endlich abgefackelt?« Theo hatte Boxershorts und ein T-Shirt an, als er die Tür öffnete. »Komm rein, Lieblingsschwester.« Während wir zum Wohnzimmer gingen schloss er im Vorbeigehen den Vorhang zum Schlafzimmer. Ich hörte einen leisen Schluchzer. War das Donna? Theo ließ sich auf das Designersofa fallen und klopfte neben sich aufs Polster. »Na, erzähl schon. Was ist los?« Im Flur wurde eine Tür geöffnet und eine andere geschlossen.

»Ist Donna da?«

»Bist du deswegen gekommen?«

»Nein ... nur ...« Ich nickte in Richtung Flur. Theo lachte.

»Ach so, verstehe.« Er wuschelte durch meine Haare, was ich nicht ausstehen konnte. Vor allem heute nicht. »Natürlich ist das Donna. Du hast ja ein Bild von mir.«

»Und warum hast du den Vorhang zugezogen?« Direkter Angriff war bei Theo immer die beste Methode.

»Du bist ja neugieriger als die Paparazzi ... Sie hatte nichts an, ganz einfach.« Ich blickte auf ein Foto an der Wand, Theo mit Bo in Siegerposen auf einer Bergkuppe. »Hm«, machte Theo, »wie sieht es denn mit *deinem* Liebesleben aus? Gibt es da schon wen? Einen todesmutigen Mr. Universe, der alle Dornenhecken überwunden hat, um dein Herz zu erobern?« Er betrachtete ebenfalls das Foto. »Einen Boy in *deinem* Alter? ... Brauchst du vielleicht meinen brüderlichen Rat? Oder soll ich jemanden für dich verkloppen?« Ich grinste.

»Du würdest deinen wertvollen Körper für mich aufs Spiel setzen?«

»Mein Indianer-Ehrenwort.« Er wuschelte wieder durch meine Haare.

»Schwesterlein, weswegen bist du wirklich hier? Nun rück schon raus damit. Gab's Stress mit Mama?«

»Ja.« Jetzt musste ich schnell eine gute Erklärung zusammenbasteln. »Sie will nicht, dass ich modele.«

»Damit hat sie auch recht.« Donna kam herein. Sie hatte einen chinesischen Morgenmantel an und sah traumhaft aus, bis auf ihre Augen. Die waren rot und geschwollen. »Ist ein beschissener Job.« Sie blickte Theo angriffslustig an. So hatte ich sie noch nie erlebt. Theo lachte.

»Donna ist heute mit dem falschen Bein aufgestanden. Der eine Kunde gestern war ...«

»... ein ganz normaler Kunde«, unterbrach ihn Donna. Die Luft stand unter Strom. Sie sah mich an und lächelte. »Aber es ist ein harter Job, Tinka.«

»Warum machst du ihn dann?« Wieder sah sie Theo an und zog die Augenbrauen hoch.

»Darüber haben wir uns gerade unterhalten ... und sind auch noch nicht fertig.«

»Arbeitest du heute nicht?«

»Nein ... doch ... ein Shooting am Nachmittag. Aber hier in Hamburg. Das ist keine große Sache.«

»Musst du dich da nicht vorbereiten?« Jetzt waren wir beim Thema.

»Nein. Das ist Routine.« Donna setzte sich mir gegenüber

in einen Sessel und legte elegant die nackten Beine übereinander.

»Und wie war es beim ersten Mal?«

»Tinka, du hast ein Casting, stimmt's?« Theo lachte. »Du bist durchschaut, Schwesterlein. Du willst Tipps, hab ich recht?« Ich sagte nichts. So dumm hatte ich mich noch nie angestellt.

»Mach es nicht. Das ist mein Rat«, sagte Donna. »Die Modebranche ist ein Haifischbecken und du ein kleines Fischchen.« Sie merkte, dass sie mich nicht überzeugte. »Bei wem hast du das Casting?«

»Mick Bundschuh.« Donna machte große Augen.

»Wo hat er dich aufgegabelt?« Der Ton in Donnas Stimme gefiel mir überhaupt nicht. *Aufgegabelt* klang falsch aus ihrem edlen Mund.

»Er hat mir geholfen.« Ich sah sofort den Kerl aus der Umkleidekabine vor mir und schluckte. Davon wollte ich auf keinen Fall erzählen.

»Geholfen? Bei was?« Nun mischte sich Theo ein.

»Ihr tut ja so, als hätte ich es mit einem Frauenmörder zu tun. Mick ist nett und sehr höflich.«

»Tinka«, Donna berührte mich am Arm. »Geh auf keinen Fall zu ihm, ja? Konzentrier dich lieber auf die Schule.« Ich blickte sie verdutzt an.

»Hey, das sagst *du*? Oder, Theo? Bei dir läuft die Schule doch nebenher. Und du bist erfolgreich und begehrt und trägst Seide und siehst die Welt.«

»Bitte geh nicht zu ihm. Er hat keinen guten Ruf.«

»Aber er arbeitet für Armani und Chanel.« Ich blickte Theo böse an.

»Ja, er ist erfolgreich. Aber er hat keinen guten Ruf.«

»Kennst du ihn denn persönlich?«

»Ich hatte mal mit ihm zu tun.« Sie rollte eine Kaffeetasse zwischen ihren Händen und starrte auf den Boden.

»Und was hat er so Übles getan?« Donna zögerte.

»Nichts«, sagte sie dann, ohne den Blick zu heben.

»Na also. Das sind doch alles Fakenews.« Ich sprang auf und blickte Theo an. »Was habt ihr nur alle? Ich bin kein kleines Kind mehr, verdammt. Könnt ihr mich nicht einfach unterstützen?«

»Schwesterlein.« Theo erhob die Stimme. »Auch wenn es dich nervt. Du bist dafür zu jung. Und es war richtig von Mama, nicht zuzustimmen.« Ich blickte zu Donna. Sie nickte traurig.

»Na toll, die ganze Familie hat sich gegen mich verschworen.« Ich warf ein Kissen nach Theo. »Aber von dir hätte ich das nicht gedacht.« Tränen liefen mir über die Wangen, während ich Donna ansah. »Du warst kaum älter als ich, als du angefangen hast. Und jetzt habe ich so eine Chance und du lässt mich im Stich? Warum?« Donna sah elend aus, blickte in die Tasse und schüttelte den Kopf. Dann stand sie auf und verließ das Zimmer

»Tut mir leid. Ich muss mich fertig machen. Das Shooting.«

»Verstehe.« Ich stampfte Richtung Tür. »Ich muss eh los.« Ich drehte mich um und brüllte. »Das Shooting.« Und dann knallte ich die Tür zu, lehnte mich im Treppenhaus ans Geländer und atmete laut ein und aus. Ich hörte Theo fluchen, dann ein Wimmern von Donna, dann Stille.

Elfenstaub, dachte ich, während ich die Sprossen des Geländers nacheinander berührte. *Elfenstaub, Elfenstaub, Elfenstaub ...*

22

»Hereinspaziert.« Mick öffnete die Tür und ließ mich eintreten. Der Empfangsraum war riesig und an den Wänden hingen große gerahmte Modefotografien in Schwarz-Weiß: bekannte Models in Roben von Armani und Chanel. »Ein paar Sternstunden.« Mick zeigte auf ein Foto neben der Garderobe. Eine wunderschöne weich fallende Dior-Création. Und das Model war Donna. Ich blieb davor stehen.

»Sie ist wunderschön«, sagte ich verträumt.

»Setz dich.« Mick zeigte auf ein Sofa und ließ sich auf den Sessel fallen, der davor stand. »Wie geht es dir heute?«

»Gut.« Ich sank auf das Polster und schlug die Beine übereinander, wie Donna es immer tat.

»Bevor wir beginnen muss ich noch eine Bitte loswerden. Deine Oberschenkel. Wenn wir weiter zusammenarbeiten wollen, musst du an deinen Oberschenkeln arbeiten, okay?«

Sofort stellte ich die Beine nebeneinander. *Ich will keinen Schwabbel sehen*, schallte es durch mein Hirn.

»Ja ... Ich arbeite daran.« Ich schämte mich für jedes Gramm Fett an meinen Schenkeln.

»Wunderbar. Es tut mir leid, dass ich dich gleich damit überfalle, aber sonst könnten wir uns die Arbeit sparen. Die Fotos, die wir heute machen, kann ich bearbeiten. Aber wenn du zu Castings gehst, hilft kein Schwindel mehr.« Ich nickte. »Gut. Du musst verstehen, dass die Optimierung deines Körpers wie ein Resonanzverstärker wirkt. Er ist dein wertvollster Rohstoff, den du verändern und damit verbessern kannst. Dein Körper ist deine Sicherheit, verstehst du? Damit die Welt dich sieht. Und dafür musst du ihn optimieren. Und ich bin dein *Regieassistent*, der dir bei deiner Inszenierung hilft. Klar?«

»Ja, klar. Danke.« Ich blickte Mick ehrfürchtig an. Er meinte es ernst. Er war ein Profi und wollte mich tatsächlich fördern. Ich speicherte seine Worte ab wie ein Überlebensmotto.

»Wunderbar.« Er lächelte zufrieden und reichte mir die Hand. Ich schüttelte sie und wusste, dass dieser Pakt mein Leben umkrempeln würde. Der Traum wurde endlich wahr.

»Dann los.« Mick öffnete eine Tür und wir standen in einem hellen Raum mit Scheinwerfern, Stativen und Kameras. Eine Leinwand mit Dschungelmotiv war aufgespannt. Auf einem Ständer hingen ein paar Kleidungsstücke mit Leoparden- und Tigermustern.

»Ich habe mir überlegt, dass wir deine Katzenaugen unterstreichen. Da lag die Kulisse auf der Hand.« Ein sehr dünner Mann in einer Skinny-Jeans und mit einem kleinen Pferdeschwänzchen wehte mit einem Stapel Handtücher herein. Er war deutlich geschminkt.

»Ahhhh, dein ungeschliffener Diamant ist da.« Er nahm meine ausgestreckte Hand und gab mir einen hingehauchten Handkuss. »Oh, Mick hat nicht übertrieben.« Er ging um mich herum und zupfte an meinen Haaren. »Pures Gold.«

»Das ist Jeremy, mein Hair&Make-up-Artist. Er kümmert sich um dich.«

»Es ist mir eine Ehre«, sagte Jeremy und machte einen kleinen Knicks.

»Willst du etwas trinken? Einen Kaffee, Mineralwasser oder Prosecco?«

»Gern. Wasser bitte.« Ich fühlte mich sehr klein in diesem riesigen Studio und konnte gar nicht glauben, dass es gerade allein um mich ging. *Ungeschliffener Diamant*! Das war noch viel besser, als ich es mir erträumt hatte. Und ich musste nicht einmal Prüfungen bestehen und mich mit anderen Mädchen messen, mir keine Schlangen um den Hals legen oder nackt in kaltem Wasser posieren. Ich war schon ausgewählt worden, stand im Studio eines angesagten Fotografen, der mich *entdeckt* hatte. Mick kam mit einem langstieligen Glas zurück und reichte es mir.

»Ich habe nur noch Prosecco. Aber er wird dich etwas lockern. Das ist gut für die Bilder.« Und da hatte Mick tatsächlich meine Gedanken gelesen. Bei meinen Videos für *Perfect Girl* war höchstens Vivi dabei gewesen und ich hatte sie zu Hause in meinem Zimmer gedreht, mit der Option auf Wiederholung, falls sie mir nicht gefielen. Aber hier, in diesem Palast, bei einem Fotografen, der sogar mit Dan Bradley zusammenarbeitete. Das war etwas ganz anderes. Ich nahm den Prosecco dankbar entgegen und trank einen großen Schluck. Mick lachte.

»Vorsicht, Prinzessin, ist kein Mineralwasser.« Dennoch schenkte er nach. Dann führte er mich zur Kleiderstange und zeigte mir die Dschungel-Looks, die er zusammengestellt hatte.

»Ich würde sagen, du fängst mit diesem hier an.« Er zog einen Bügel heraus, auf dem ein enges Minikleid hing, mit tiefem Wasserfallausschnitt und aufgedruckten Tatzenspuren. Ich nickte. »Jeremy, schreite zur Tat, bitte.« Ich nahm noch einen Schluck Prosecco und drehte mich suchend nach einer Kabine um. Aber da war keine.

»Oh Schätzchen«, sagte Jeremy lachend, »man merkt, dass du das zum ersten Mal machst.« Was meinte er nur. Verdammt. »Normalerweise gibt es einen sehr straffen Zeitplan bei den Shootings und vor allem bei den Castings. Eine Kabine hält da nur auf. Du musst dich daran gewöhnen, schnell die Kleider zu wechseln, genau da, wo du gerade stehst.« Seine mit Kajal umrahmten Augen sahen mich mitleidig an.

»Kein Problem«, sagte ich und zog mir die Hose aus. Aber eigentlich fühlte ich mich schrecklich dabei. Als ich mein T-Shirt abgestreift hatte, war ich fast nackt und Jeremy öffnete ungefragt meinen BH. Ich hob mir reflexartig die Hände vor die Brust. Meine Kiefermuskeln pressten aufeinander und meine alarmierte innere Stimme wollte mich schnellstmöglich zum Ausgang dirigieren. Ich kämpfte eisern dagegen an.

»Jeremy, sie macht das zum ersten Mal. Sei ein bisschen geduldig, ja?« Mick kam dazu. »Die Bügel deines BHs dürfen nicht zu sehen sein, verstehst du? Wir haben BH-Cups, die nur die Brust bedecken. Sie werden festgeklebt.« Er hielt zwei hautfarbene Schalen hoch. »Das kennst du doch sicher aus *Perfect Girl*, oder?« Ich nickte. Also zog ich den BH aus, wandte mich aber von den beiden Männern ab, während ich versuchte, die Schalen zu befestigen. Meine Hände waren eiskalt, die Finger leichensteif.

»Nein, so«, sagte Jeremy, ging um mich herum und drückte auf die Schalen und damit auch auf meine Brust. Ich verkrampfte mich so sehr, dass mir der Nacken wehtat. Schnell zog ich das Kleid über und stieg in meine High Heels. Damit war ich größer als Jeremy, der schon begann, meine Haare zu frisieren. Er drückte mich in einen Stuhl vor einem Spiegel und zerwühlte sie kunstvoll. Anschließend betonte er meine Augen mit sehr viel Lidschatten und Kajal. Und es sah tatsächlich toll aus. Als ich mich schließlich im Spiegel betrachtete, wirkte ich mindestens sechs Jahre älter und wie eine wilde Dschungelschönheit.

»Fantastisch. Fangen wir an.« Ich stellte mich also vor die Dschungelkulisse und machte zaghaft ein paar Bewegungen, wie ich sie aus *Perfect Girl* kannte. »Ja, gut. Du bist toll.« Mick stand hinter der Kamera und schob sie mal hier mal da hin. »Guck über die Schulter ... ja, so ... den Mund leicht öffnen ... wunderbar ... schließ die Augen ... und jetzt mach sie auf ... sieh mich an, als wolltest du mich verführen ... leck dir ein paar Male über die Oberlippe ... streck den Po raus ... wirf die Haare zurück ... fahr dir mit den Händen durch die Haare und blick mich lasziv an ... ja, genau ... und jetzt stell dir vor, du bist ein Leopard, der eine Beute im Visier hat und gleich zum Sprung ansetzt ... stechender Blick ... Wow, toll ... Das ist es ... bleib locker ... sexy ... Gut. Jetzt den nächsten Look. Jeremy!« Und schon flog er herbei, mit einer durchsichtigen getigerten Chiffon-Bluse und einer schwarzen, sehr knappen Ledershorts. Ich zog mich direkt neben dem Set aus und Jeremy schnappte sich einfach die Schalen und reichte mir einen schwarzen Spitzen-BH, der furchtbar klein aussah. Ich zog ihn an, während mir die Männer die ganze Zeit zusahen und über meinen Körper redeten. »Der Kiefer ist ein bisschen kantig, aber das verwächst sich bestimmt noch«, sagte Jeremy.

»Das Fett an den Oberschenkeln ist schlimmer. Da muss sie was tun. Aber der Bauch und die Hüftknochen sind perfekt.«

Als ich fertig umgezogen und neu frisiert war, ging das

Ganze wieder von vorne los. Dann die Leopardenleggins mit dem kurzen Top, für das ich wieder die Schalen anlegen musste, und der Hosenanzug mit Palmwedelmuster, wieder mit BH. Es wurde richtig anstrengend.

»So, Kim. Nun hätten wir noch die Lingerie. Aber du musst das natürlich nicht machen. Dafür und für Bademoden wird am besten gezahlt. Aber auch ohne kannst du was werden. Es ist deine Entscheidung. Professionell wäre, es zu tun. Aber du hast ja noch Zeit, musst es ja nicht überstürzen. Du bist auch noch sehr jung.« Mick und Jeremy sahen mich gespannt an. Ich musste nicht lange darüber nachdenken. Schließlich hätte ich bei *Perfect Girl* auch die Hüllen fallen lassen müssen. Und das vor einem Millionenpublikum. Wenn es dazugehörte machte ich es natürlich, wenn auch mit einem Backstein im Magen. *Du musst dein Potenzial zeigen*, sagte Sonni doch immer, *mehr aus dir herauskommen.*

»Das ist kein Problem«, sagte ich und hoffte, dabei professionell zu klingen. Schnell nahm ich noch einen Schluck Prosecco und dann das Höschen entgegen, das Jeremy mir gab. Es war ein Hauch von Nichts. Ein hautfarbener Tanga, der gerade so das Nötigste abdeckte. Zum Glück hatte ich mich untenrum rasiert. Ich drehte mich zur Wand, dachte an Sonni, die kein Zaudern duldete, und zog mir also meinen Slip aus, während die Herren wahrscheinlich meinen Po begutachteten. *Es ist keine so große Sache*, sagte ich mir immer wieder. *Es gehört dazu.*

»Ich bin stolz auf dich, Kim. Das traut sich nicht jedes Mädchen. Viele sind furchtbar verklemmt. Die werden es aber auch nicht weit bringen. Wie diese Donna auf dem Foto neben der Garderobe. Wirklich ein Jammer. So ein talentiertes

Mädchen. Aber es wird sich herumsprechen, dass sie einen Stock gefressen hat.« Jeremy reichte mir den BH, ebenfalls mit äußerst wenig Stoffanteil. »Und sie will immer eine Freundin dabei haben. Nicht sehr professionell.«

Ich wollte protestieren, aber es schien mir nicht sehr schlau, meine Bewunderung für jemanden auszusprechen, den Mick unprofessionell fand. Ich schwieg also und wandte mich wieder ab, um den BH auszuziehen. Die beiden Männer lachten. Verdammt. Trotzig wand ich mich ihnen zu, präsentierte meine mickrige Pracht und legte mir das beige Teil an. In meinem Inneren tobte ein Orkan. Ich schaltete auf *Autopilot* und navigierte eisern hindurch.

»Hut ab, Prinzessin«, sagte Mick und pfiff durch die Finger. »Du hast es schnell kapiert.« Dann hielt er mir zwei hautfarbene Silikonpölsterchen vor die Nase. »Die Dinger nennen wir Schnitzel. Ist ein bescheuerter Name, ich weiß. Im Englischen heißen sie Chicken-Fillets. Das klingt netter. Mit den Teilen füllen wir die BHs auf, wenn da nicht genug vorhanden ist. Du verstehst. Ist es okay, wenn ich sie anpasse? Oder sollen wir es erstmal ohne versuchen? Wird aber nicht so schön, das sag ich dir gleich.«

»Ist okay.« Natürlich war es nicht okay, aber den Mädchen in der Castingshow ging es genauso wie mir jetzt. Und wer da nicht mitmachte, flog sofort raus. Ich wollte hier auf keinen Fall *rausfliegen*. Mick nickte anerkennend und steckte mir die *Schnitzel* in den BH. Er schob sie hin und her, berührte mehrmals meine Brust und ich bekam kaum noch Luft, weil ich vergaß zu atmen. Es war grässlich. Ich versuchte, locker zu bleiben, aber es ging einfach nicht. Ich kämpfte gegen die Tränen an, die sich aus meinen Augen drängen wollten, und sagte mir die ganze Zeit Sonnis Sätze vor, wie Mantren: *Zeig uns, dass du es kannst. Du musst richtig Gas geben. Wenn du ganz nach oben willst, musst du die Zähne zusammenbeißen. Wenn du topp Dollar haben willst, musst du auch topp aussehen.* Und nach einer halben Ewigkeit war Mick zufrieden und bereit für das Shooting. Jeremy hatte eine Strickleiter von der Decke herabgelassen und Mick zeigte mir, wie ich sie nutzen sollte.

»Du bist jetzt Jane und willst Tarzan rumkriegen, okay? Nutze die Leiter dazu, räkle dich, mach ein Schnütchen, zeig ihm, was du hast. Die Kamera ist Tarzan.«

Ich fühlte mich aber überhaupt nicht wie Jane. Ich fühlte mich so gut wie nackt und auch überhaupt nicht sexy. Wie sollte ich mich nur in dieses Gefühl hineinbringen. Ich trank noch ein paar Schlucke Prosecco aus meinem Glas, das Mick wieder gefüllt hatte, und stellte mich an die Strickleiter.

»Nicht so zaghaft, Kim. Du kannst das. Ich weiß es. Das hab ich schon im Alsterhaus gesehen. Du bist mutig und du willst den Erfolg. Du schaffst das. Räkle dich am Strick, streck den Puschi raus, zeig, was du hast. Mach Tarzan heiß. Wenn du willst, dann tanz ein bisschen mit der Strickleiter. Trau dich. Ich will sehen, was du kannst. Jeremy, mach die passende Musik dazu an!« Gleich darauf ertönte eine Melodie, die ich aus dem Poledance kannte, *Fucked My Way to the Top* von Lana del Rey, und ich begann sofort, einige Bewegungen an der Leiter zu vollführen, die ich gelernt hatte. Es war gar nicht so schwer.

»Wahnsinn. Das ist es. Du machst das toll, Kim. Ja, weiter so. Spreiz die Beine. Zeig uns, dass du Tarzan willst, jetzt, hier, sofort. Er muss dir verfallen. Du bist Jane, die Königin des

Dschungels. Ja. Toll. Streck den Po in die Kamera, komm schon, trau dich. Wundervoll, wundervoll. Ich bring dich groß raus. Du bist toll.« Und dann war es geschafft. Mein erstes Shooting. Mick und Jeremy klatschten und umarmten mich. Ich fühlte mich wie durch den Wolf gedreht, aber glücklich, dass Mick zufrieden war.

»Ich schick dir die Fotos. Und ich werde dir ein paar Castings organisieren. Mal sehen, wie du ankommst.«

»Okay, danke.«

Keine fünf Minuten später verließ ich das Studio und knöpfte meine Jacke über dem tiefen Ausschnitt zu, obwohl die Sonne noch brannte. Ich war wieder allein mit meiner Scham, die mich begleitete wie mein Schattenmonster. Benommen wankte ich die Straßen entlang. Wie nach einer Betäubung erwachte mein Körper langsam aus seiner Starre. Ich rempelte eine ältere Dame an, die mir Flüche hinterherschickte, und stieß beinahe mit einem Radfahrer zusammen. Ich wühlte in meiner Tasche nach dem Desinfektionsmittel, konnte es aber nicht finden. Panik überschwemmte mich. Ich begann zu zittern, mein Atem überschlug sich. Auf einer Parkbank leerte ich hektisch meine Tasche aus. Lippenstift, Schlüssel, Make-up, Portemonnaie, Tampons und Kajalstifte, alles verteilte sich klimpernd auf dem metallenen Untergrund und kullerte auf den Boden. Das Desinfektionsmittel war nicht dabei. Mir wurde schwindelig. Ein Mann fragte, ob er mir helfen könne, und ich schrie ihn an wie den leibhaftigen Teufel: »Fass mich nicht an!!!« Er wich zurück. »Nimm deine dreckigen Pfoten von mir, du Schwein!!!« Kopfschüttelnd ging er davon. Ich sank weinend auf die Bank und dachte an Omimi, die mich jetzt in den Arm genommen hätte. Ganz langsam verschwand der Spuk und ich bekam wieder Luft. Die Welt drehte sich weiter. Ich setzte meine Alles-ist-gut-Maske auf und packte meine Tasche.

Du bist toll, hatte Mick gesagt und dass er mich groß rausbringen wolle. Es war gut gelaufen, richtig gut, verdammt nochmal. Und Ausziehen gehörte eben zum Job dazu. Das predigte Sonni doch immer. Es war also keine große Sache. Ich würde mich daran gewöhnen. Bloß nicht so anstellen. An meinen Oberschenkeln musste ich noch arbeiten und an meinem kantigen Kiefer. Zähne zusammenbeißen war ab sofort tabu.

23

Am nächsten Tag ging ich wieder zur Schule, obwohl ich es nur noch für Zeitverschwendung hielt, denn meine Karriere war ja bereits raketenmäßig gestartet und ich brauchte Zeit für mein Training. Aber ich wollte vermeiden, dass meine Eltern zu früh von meinen Plänen erfuhren und meine gefälschte Unterschrift auffliegen würde. Vivi fehlte mir so sehr. Ich hatte niemanden, mit dem ich meine Freude teilen konnte, der uneingeschränkt zu mir stand und meine Karrierepläne unterstützte. Müde und lustlos schleppte ich mich die Straßen entlang, in die S-Bahn, den Bus und für die letzten Meter nahm ich ein Stadtrad. Der Weg war furchtbar weit. Auf der Schultoilette brachte ich meinen Look in Ordnung und sah mir zum x-ten Mal an diesem Tag die neuesten Kommentare auf Instagram an. Mick hatte mir gleich am Morgen die Fotos geschickt. Sie waren wirklich aufsehenerregend. Ich sah perfekt darauf aus. Die Oberschenkel hatte er schon bearbeitet. Die Anzahl meiner Follower war sofort in die Höhe geschossen und die Kommentare überwältigend. *Du Traumfrau*, stand da und *Titelseitenwürdig*. Das Läuten der Schulglocke holte mich auf den grauen Betonboden zurück und ich schritt etwas verloren durch den Klassenmittelgang zu meinem Platz. Lenny ließ mich zum Glück in Ruhe und auch sonst hatte die Klasse ihr Interesse an mir verloren. Der Plan war aufgegangen. Ich saß alleine an meinem Tisch wie ein Pfau in einer Gruppe Pinguine, wurde zwar beobachtet, gehörte aber eindeutig nicht dazu. Noch wussten die Pinguine nicht, ob der Pfau ihnen gefährlich werden konnte. Sie hatten keine Erfahrung mit Pfauen, beäugten ihn skeptisch, watschelten aber unbeirrt über ihre Scholle. Bis etwas Ungewöhnliches passierte: Ein Pinguin entfernte sich plötzlich aus der Kolonie, zog seinen schwarz-weißen Anzug aus und präsentierte sich als grellbunter Papagei. Isi, ein beliebtes Mädchen aus der Klasse, erschien in einer Art Bitch-Style. Was hatte die denn geritten? In meiner alten Schule wäre sie dafür auf der roten Liste der Mobbingopfer gelandet. Aber in dieser Klasse hier schienen ihr alle wohlgesonnen. Es gab ein paar Bemerkungen, aber der rotgelockte Matteo nahm sie sogar vor einem Lehrer in Schutz. Dabei war ihr Look wirklich unterirdisch. Eindeutig *Nadia Nice*. Total asi. *Ein bisschen von Donnas Elfenstaub würde ihr guttun*, dachte ich. Also schickte ich ihr den Link, bereute es aber sogleich, da ich damit Regel Nummer eins verletzte: keinen Kontakt. Aber *Nadja Nice*! Das war ja nicht auszuhalten. Vielleicht wurde ich auch schwach, weil Isi mich an Vivi erinnerte. Sie hatte das gleiche glockige Lachen, das sich in mir ausbreitete wie ein Kitzeln, denselben Schmollmund und offensichtlich eine Schminkaversion, bis zu diesem Tag. Als sie mit dem neuen Donna-Look nicht klarkam und Hilfe brauchte, habe ich sie sogar zu Hause besucht. Es war leichtsinnig, aber ich fühlte mich stark, weil die Zukunft endlich rosig schien und ich mein neues Ich an jemandem ausprobieren wollte. Isi war ehrfürchtig vor Bewunderung. Sie blickte mich durch den Schminkspiegel an.

»Du hast einen absolut coolen Style und siehst wunderschön aus.« Sie drehte sich zu mir um. »Nur manchmal hast du auch ganz traurige Augen.« Es wurde eng in meiner Brust. Konnte man immer noch etwas sehen, von all dem Hässlichen in mir drin? Ich wand mich ab, wühlte in meinem Schminktäschchen und puderte mir die glänzende Stirn. Ich würde Isi auf keinen Fall davon erzählen. Lieber wollte ich es jemandem entgegenschreien, jemandem, der mir mein halbes Leben lang nicht geglaubt hatte. Was sollte ich also erwidern?

»Sorry«, sagte Isi da, »ich dachte nur … also, dass wir vielleicht etwas gemeinsam haben.« Sie blickte wieder in den Spiegel und sah sich eine Weile schweigend an. Schließlich wanderte ihr Blick zu mir. »Ich brauche jedenfalls eine Veränderung. Danke, dass du mir hilfst.«

Ich lächelte unweigerlich. Ihr Handy vibrierte. Ein Foto von ihr und einem Mädchen aus der Klasse erschien auf dem Display. Beide hatten Sahne im Gesicht und lachten. Isi drehte das Handy um und versank wieder in ihrem eigenen traurigen Blick im Spiegel. Ich dachte an Vivi, an den Herzkuchen mit Smarties drauf, an ihr freudiges Gekreische, als sie ihn auspackte und … an ihren letzten angewiderten Blick, bevor sie verschwand. Ich wollte so etwas NIE WIEDER erleben und fuhr schnell meinen Stachel aus, bevor ich doch noch etwas von mir preisgab.

»Manche saufen oder kiffen«, polterte ich drauflos. »Andere feiern ein Best-friends-Gedöns oder leben in ihren Serien. Ich sammle Boys. Tinder ist mein Warenhaus. Wenn ich Lust habe, schaue ich mich da um und wähle ein Exemplar aus. Klappt immer. Die Jungs sind alle schwanzgesteuert. Todsichere Sache.« Ich spürte, wie Isi zurückwich, der Abstand sich vergrößerte.

»Sind die nicht alle schon älter?«

»Das ist ja gerade das Gute.«

»Und bist du auch auf Instagram?«

»Sicher.« Ich öffnete @KimGalaxy auf meinem Handy. Und während ich ihr die Bilder zeigte und sie mit staunenden großen Augen all ihre Bewunderung darüber ausschüttete, während ich dabei ganz lässig Micks Ansprache widerkäute, vom Körper als *Resonanzverstärker* und *Rohstoff* sprach, überflutete mich ein berauschendes Gefühl von Macht und Stärke, weil endlich einmal *ich* die *Perfekte* war, die ihre Erfahrung und ihr Wissen weitergeben konnte.

»Wo hast du das gelernt?«, fragte Isi, während ich ihre schönen roten Haare glättete.

»Von Donna.«

»Donna?«

»Na die Donna aus dem Tutorial. Das Model.«

»Die ist Model?«

»Aber ja.«

»Und du kennst sie persönlich?«

»Hab sie bei einem Casting kennengelernt. Wir haben uns angefreundet. Sie ist toll.«

»Modelst du auch?«

»Na klar«.

»Cool.«

So wurde ich also Isis *persönliche Beraterin*. Und das war wesentlich ungefährlicher als eine Freundschaft. Ich fühlte mich in ihrer Gegenwart sehr erwachsen und konnte meine Wunschrolle als Donna-Double spielen und genießen. Ich zeigte ihr auch, wie man Fotos bearbeitet, um richtig coole Bilder für den Insta-Kanal zu erstellen. Bisher hatte Isi vor allem ihr Kaninchen inszeniert. Weit kam man damit natürlich nicht. Jetzt half ich ihr, ein neues Image aufzubauen und sie hing an meinen Lippen und befolgte alle meine Tipps. Das gab mir Kraft für das nächste Shooting, für das ich eisern trainierte. Nur das Schattenmonster blieb davon unbeeindruckt. Es jagte mich jede Nacht aufs Neue, blies mir seinen heißen Atem entgegen, bis all der Elfenstaub in sich zusammenfiel zu einem Häuflein Asche. Morgens erhob sich der Phönix. Nachts starb er hundertfach.

24

Ich mochte keine Krähen. Ich fand sie hässlich und es stieß mich ab, dass sie sogar Tüten aus Mülleimern zerrten, um nach Essensresten zu suchen. Aber als ich die zerrupfte Krähe sah, die sich Schutz suchend in eine Hausecke drückte und mich mit ihren ängstlichen schwarzen Knopfaugen ansah, da rührte sie mich und ich lief, ohne lange nachzudenken, in den Schuhladen, ein paar Häuser weiter, ließ mir einen leeren Karton geben und eilte zurück zu ihr. Sie flatterte panisch mit ihren verletzten Flügeln und hüpfte auf der Stelle herum.

»Du musst keine Angst haben. Ich tu dir nichts.« Die Krähe ließ sich nicht beirren. Sie hatte gelernt, diesen komischen großen Zweibeinern zu misstrauen. Recht hatte sie. Ich warf mein Tuch über sie, griff nach diesem Häuflein Leben und packte es in den Karton. Zu Hause stellte ich ein Schälchen Wasser hinein und polsterte ihn mit einem alten Wollpulli aus.

Ich las im Internet: Krähen sind zäh.

»Was ist dir bloß passiert?« Ich tastete ihre Flügel ab. Die eine Spitze hing etwas herunter. »Sieht böse aus.« Ich musste verrückt geworden sein. Eine Krähe! Sie war abgemagert. Was essen denn Krähen? Regenwürmer würde ich jedenfalls nicht suchen.

Ich las im Internet: *Aas, Kleinsäuger, Obst und Vögel* ... Vögel?

»Tinkilein?« Mum.

»Nenn mich nicht Tinkilein.« Ich schob den Karton mit geschlossenem Deckel schnell hinter mein Bett und drehte den Türschlüssel herum.

»Oh, ich darf deinen Hochsicherheitstrakt betreten.« Mum sah sich um, legte ein paar gewaschene Kleidungsstücke auf mein Bett und setzte sich neben mich. Das war schlecht. Wenn sie sich setzte, dann wollte sie länger bleiben.

»Wie läuft es denn in der neuen Schule, hm?«

»Gut.« Ich begann, die Wäsche einzusortieren.

»Gibt es nette Mitschüler?«

»Nein.«

»Nein?«

»Aber ist egal. Ich halt mich aus den Konflikten raus.«

»Oh, so schlimm?«

»Schlimmer.« Sie sah mich bekümmert an. Ich hatte mich wieder hinreißen lassen, um zu sehen, ob sie sich Sorgen machte. Das ging schneller, als ich denken konnte. Es war meine kleine Rache dafür, dass sie mir nicht geglaubt hatten. Und wenn sie mir schon nicht glaubten, dann konnte ich ja auch erzählen, was ich wollte. Es war egal.

»Bei denen ist Mobbing Volkssport«, legte ich nach.

»Wie schrecklich.« Mum strich mir sanft über den Arm. »Können wir etwas für dich tun?« Das war neu und rührte mich unvermutet. Ein schwerer Brocken in meiner Brust rumpelte und wurde noch schwerer. Hätte sie das nicht vor neun Jahren fragen können? Jetzt tat es weh. Ich fühlte mich schuldig und war wütend zugleich. Ein Kratzen hinter dem Bett lenkte mich ab.

»Was war das?« Mum sah sich suchend um.

»Mein Magen.« Ich verließ das Zimmer Richtung Küche. Normalerweise folgte sie mir und ich konnte sie so hinauslocken.

»Ich koch dir was, ja?« Es funktionierte. »Wie wäre es mal wieder mit Pfannkuchen? Haben wir ewig nicht gegessen.«

»Warum bist du eigentlich nicht in der Praxis?« Es war ein gewöhnlicher Dienstagmittag. Meine Eltern kamen normalerweise erst am frühen Abend nach Hause, wenn Dad nicht noch eine Sitzung hatte oder Mum einen *dringenden Fall*. Mum lächelte.

»Schön, dass dir das endlich auffällt.« Sie wedelte mit einem Kochlöffel vor meinem Gesicht. »Ich habe reduziert, damit ich zwei Mal die Woche mittags kochen kann. Für dich.« Sie sah mich aus leuchtenden Augen an. Warum freute ich mich nicht? Ich hatte es mir doch so lange gewünscht. Stattdessen machte es mich derart wütend, dass plötzlich mein Stachel wieder ausfuhr und sein Gift verspritzte.

»Ach ja? Du denkst, mit diesem Opfer kannst du alles wiedergutmachen? Zwei Mal die Woche kochen und die Welt ist wieder in Ordnung? So leicht ist das aber nicht. Iss doch mit deinen Klienten, wenn du jemanden zukleistern willst mit deiner plötzlichen Kümmerei. Anschließend könnt ihr dann noch ein paar Situps im Fitnessstudio machen. Für irgendwas muss es ja gut sein, dass du Omimis Zuhause zerstört hast.« Weinend rannte ich in mein Zimmer und schloss die Tür ab. Jetzt konnte ich mich wieder hassen und ein bisschen besser verstehen, warum man mir etwas angetan hatte. Denn ich hatte nichts Besseres verdient.

»Deine Omimi braucht es nicht mehr«, rief Mum durch die Tür hindurch. »Sie braucht ihr Plüschmuseum nicht mehr.«

Aber ich, dachte ich. Ich brauchte es, verdammt.

Ich zog den Karton unter dem Bett hervor und öffnete den Deckel.

»Du bist auch so ein hässliches Scheusal«, wimmerte ich und strich der Krähe über das Gefieder. »Und allein, mutterseelenallein.«

25

»Nächste Woche hast du ein Casting«, sagte Mick, als wir uns in *unserem* Café trafen. »Bei Dan Bradley. Ist eine Art Freundschaftsdienst.«

»Bei Dan Bradley? *Dem* Dan Bradley?«

»Genau bei dem. Er ist ein bisschen speziell. Lass dich davon nicht aus der Ruhe bringen. Mach einfach, was er sagt. Sei professionell. Er hat großen Einfluss. Du solltest es dir nicht mit ihm verscherzen, ja? Das wäre auch für mich sehr unangenehm, wenn das Mädchen, das ich ihm schicke, zickig oder zimperlich ist. Dann wird er es sich das nächste Mal genau überlegen, ob er noch einmal eine Empfehlung von mir annimmt. Also, gib alles. Du schaffst das. Ich glaub an dich. Wenn du *ihm* gefällst, dann kannst du dir die Agentur aussuchen.«

Ich nickte, war aber nicht sicher, ob ich das tatsächlich hinbekam. Mein erstes Casting und dann gleich bei Dan Bradley. Was, wenn es schiefging? Was, wenn ich ihm nicht gefiel? Wäre das schon das Ende meiner Karriere? Als Juror war er knallhart. Ein Typ, der jedes Mädchen einschüchterte. Wie sollte ich da bloß locker bleiben? Ich würde etwas nachhelfen müssen. Wie gerne hätte ich Vivi mitgenommen. Aber mal abgesehen davon, dass wir keinen Kontakt mehr hatten, fiel mir auch sofort Micks abfällige Bemerkung zu Donna ein: *Sie will immer ihre Freundin dabeihaben. Nicht sehr pro-*

fessionell. Vielleicht würde es schon helfen, wenn Mick mich begleitete.

»Wieder einen Fencheltee?« Der Kellner lächelte mich an.

»Sehr aufmerksam«, sagte Mick. »Weißt du auch noch meine Bestellung?«

»Sie hatten einen Kaffee, mit extra Milch, ohne Zucker«. Mick hob anerkennend die Augenbrauen.

»Wie heißt du?«

»Liam.«

»Gut, Liam. Ich schätze aufmerksame Kellner. Und ja, ich hätte gerne wieder dasselbe. Und du?« Mick sah mich an.

»Ein stilles Wasser, bitte.« Liam zog ein Feuerzeug aus der Schürze und machte die Kerze auf unserem Tisch an.

»Kommt sofort.« Er ließ den Deckel vom Feuerzeug zuschnappen und wandte sich um.

»Also, Prinzessin, hast du noch Fragen?«

»Ja, kommst du mit?«

»Auf keinen Fall. Ich hab dir ja gesagt, dass Dan ein wenig speziell ist. Er braucht absolute Ruhe im Studio, um bei seinen *künstlerischen Impulsen* nicht gestört zu werden.« Mick lachte spöttisch. »Ja, ich glaub, er ist ein bisschen durchgeknallt. Aber genial. Das liegt ja oft dicht beieinander.« Der Kellner stellte die Getränke vor uns ab.

»Danke«, sagte ich.

Mick blickte auf sein Handy. »Tut mir leid, ich muss los. Ein Model hat eine Krise. Muss mich ein bisschen kümmern.« Er legte dem Kellner einen 10-Euro-Schein auf das Tablett und stand auf. »Wir telefonieren dann nach dem Shooting.«

»Oh, klar. Kein Problem.«

Ich starrte eine Weile auf Micks dampfende Kaffeetasse und

trank mein Wasser. Nicht einmal zehn Minuten hatten wir uns unterhalten. Was an Dan Bradley so *speziell* war, hätte ich gern noch gefragt. Es blieb ein ungutes Gefühl. Aber warum nur? Ich würde nächste Woche ein Casting haben! Bei einem der besten Modefotografen der Welt! Hey, besser konnte es doch gar nicht laufen. Ich blickte auf mein Handy. Seit ich Micks *Raubtier-Serie* auf @KimGalaxy hochgeladen hatte, war die Zahl meiner Follower in die Höhe geschnellt. Ich rief die neuesten Kommentare auf.

Du bist wunderschön, hatte Isi geschrieben. @BelAmi88 nannte mich *Rassefrau*. Und @MarieBeau3 wollte wissen, ob es ein Tutorial von mir gebe, um den Style zu kopieren. Da blieb mein Blick an dem letzten Post hängen und mein Herz donnerte los.

Na, mein Raubkätzchen, wie gefiel dir unser Fick? Hab ich's dir nicht ordentlich besorgt? Beim nächsten Mal könntest du dich auch ein bisschen bewegen. Zwinkersmiley und mehrere rosa Blümchen. Mir wurde flau im Magen. Der Follower nannte sich @Imas, aber als ich die Buchstaben eine Weile anstarrte wurde mir klar, dass sie rückwärts Sami bedeuteten. Sofort blockierte ich *@Imas* und löschte den Kommentar. Aber das flaue Gefühl blieb und als plötzlich jemand neben mir stand, ganz nah, erschrak ich so sehr, dass ich ihm fast das Tablett aus der Hand geschlagen hätte.

»Tut mir leid.« Liam stellte eine Tasse Tee vor mir ab.

»Ich hab doch gar nichts bestellt«, fauchte ich.

»Der geht auf mich.«

»Warum?«

»Du siehst so blass aus, da dachte ich, Tee würde dir sicher guttun.« Er lächelte mich an.

»Oh, ach so, danke.« Er nickte und ging dann zum nächsten Tisch. Mein Herz hämmerte immer noch wie die Bässe auf Samis *Porn-Party*. Einen kurzen Moment lang hatte ich tatsächlich geglaubt, er würde neben mir stehen, er würde mich mit seinem widerlichen Atem betäuben und seine Hände ... Ich schüttelte mich, wie um den Albtraum abzuwehren. Der heiße Tee tat gut. Ich hielt mir die Tasse unter die Nase, schloss die Augen und atmete den frischen Fenchelgeruch ein. Die Starre in mir löste sich zaghaft. Und dann meldete sich Latte. Die Clique traf sich.

26

Ich nahm zum ersten Mal Isi mit, die ich ab sofort Easy nannte, was mich ein bisschen zur Schöpferin ihrer neuen Identität machte. Ich war froh, nicht alleine durch die Nacht zu spazieren und in der Clique nicht mehr die Jüngste zu sein. In der S-Bahn glotzten wieder alle Kerle. Lüsterne Blicke und schlüpfrige Kommentare versetzten meinen inneren Alarmknopf in Dauerbereitschaft. Ich hielt mich an der Wodkaflasche fest, die ich aus dem unerschöpflichen Vorrat meines Vaters stibitzt hatte, bereit, sie jederzeit als Waffe einzusetzen. Seit mein Dad in seiner Studienzeit eine WG mit einem Russen hatte, liebte er Wodka. Ich glaube, er liebte vor allem seine wilde Studentenzeit, an die ihn der Wodka erinnerte. Von jeder Reise brachte er sich eine Flasche aus dem Duty Free mit. Eine mehr oder weniger fiel also gar nicht auf. Auch das Pfefferspray, das in der Innentasche meiner Lederjacke steckte, beruhigte mich etwas. Ich hatte nun immer eine Dose dabei, denn das haarige Schattenmonster besuchte mich inzwischen fast jede Nacht und ich wurde das Gefühl nicht los, dass es mich nun auch am Tag auf Schritt und Tritt verfolgte. Das Feuer knisterte schon, als wir den Lido erreichten. Jennys Haare leuchteten heute Pink, ein giftiges, grelles Pink, das man sogar im Feuerschein kaum ertragen konnte. Sie würdigte mich keines Blickes. Die Sache mit Leo tat mir zwar leid, aber ehrlich gesagt war der Typ ja auch ein Arsch gewesen und sie konnte froh sein, ihn loszuwerden. Easy dagegen war so nett zu mir, dass ich permanent ein schlechtes Gewissen bekam, weil ich ja beschlossen hatte, sie auf Abstand zu halten. Und daran wollte ich auch nicht rütteln. Keine Nähe mehr – keine Verletzungen mehr! Das musste ich mir immer wieder selbst vorbeten, weil Easy mich so an Vivi erinnerte und meine Sehnsucht groß war, ihr mein Herz auszuschütten. Als Gegenmaßnahme sprühte ich dann etwas Gift und schon war die Distanz wieder hergestellt. Bei Easy war das ganz einfach, denn sie war extrem dünnhäutig. Ihre Eltern hatten sich gerade getrennt. Der Vater war nach Tokio gegangen und ihr Kaninchen auch noch abgehauen.

Nachdem ich ein wirklich schönes Selfie von uns vor Lagerfeuer und Vollmond gemacht hatte und auf @KimGalaxy die ersten Kommentare dazu erschienen, versetzte es mir einen Stich, dass die meisten nicht mir, sondern Easy galten. Ihre Haare wurden bewundert, ihr nettes Lächeln und sogar die Form ihrer Nase. Ein Paule wollte sie sogar vom Fleck weg heiraten. Ich malte mir aus, dass auch meine Mutter Easy lieben und mir gleichzeitig wieder zu verstehen geben würde, dass sie sich *so* eine perfekte Tochter vorstellte. Sofort hasste ich mich für meine Unvollkommenheit und mein Stachel ging in Angriffsstellung, gerade als wir begannen, *Wenn ich du wäre* zu spielen. Olaf fing an, aber ich hörte gar nicht richtig zu, war mit der Schlacht beschäftigt, die in meiner Brust geschlagen wurde. Ein Wust aus Gefühlen perforierte mein Herz.

»Kim«, sagte Olaf. Alle sahen mich an. Ich war dran, musste das nächste *Geständnis* ablegen.

»Okay.« Ich überblickte fieberhaft das Schlachtfeld. Die

Monster hatten gewonnen. »Ich habe noch nie ein Haustier gehabt«, sagte ich. Easys Lächeln fiel in sich zusammen. Ich war so ein Arsch, wusste ja, wie sehr sie an ihrem Kaninchen hing. Ich zwickte mir schmerzhaft tief in die Haut, als kleinen Versuch ausgleichender Gerechtigkeit. Und als Easy dann auch noch ganz naiv eröffnete, dass sie noch nie etwas geklaut hatte, womit man in dieser Runde eigentlich nicht punkten konnte, da nannte Kuddel sie tatsächlich einen *Engel*. Das brachte das Fass zum Überlaufen und ich verfluchte, sie überhaupt mitgenommen zu haben. Dann war Jenny dran.

»Ich habe noch nie meinen Vater gesehen«, sagte sie. Das lenkte mich dann doch ein wenig ab und ich dachte darüber nach, ob sie sich deshalb auf dem Friedhof herumgetrieben hatte. Ich hätte sie das gerne gefragt, aber von meinem Absturz sollte niemand erfahren. Jenny grinste, während sie das sagte. Warum grinste die? Vielleicht war es besser, seinen Vater gar nicht zu kennen, als einen zu haben, der einen nicht verstand und für den man ewig die kleine Prinzessin Lillifee blieb.

»Ich wünschte, ich hätte meinen nie gesehen«, sagte ich düster. Immerhin schwiegen jetzt alle und ich nutzte die Zeit, um meine Kindheit etwas *interessanter* zu gestalten. Ich *lieh* mir einfach Vivis Geschichte, dichtete mir einen saufenden, arbeitslosen Asi-Vater an, der immer komatös zu Hause auf dem Sofa gammelte, während meine Mutter schon vor Jahren verschwunden war, nachdem er sie im Rausch geschlagen hatte. Ich steigerte mich so in meine neue Biografie, dass mir tatsächlich die Tränen kamen und Latte mich fürsorglich in den Arm nahm.

»Wir sind da, wenn's brennt, okay?« Das tat gut. Sein Blick

war milde, kein Funkenflug. Ich konnte mich entspannen. Ben ließ einen Joint herumgehen, an dem ich nur scheinbar zog. Ich dachte angewidert an die türkische Runde. Zum Glück war Easy die Erste, die sich übergab und auf eine verrückte Weise verschaffte mir das Erleichterung, als hätte sie es für mich getan. Ich blickte sie dankbar an, während um mich herum alle aufschrien und Lucky mit seiner vollgekotzten Jacke zum Wasser rannte.

»Wie wär's mit einem neuen Spielchen?«, schlug ich vor. »*Wenn ich du wäre ...*«. Es würde so eine Art Feuerprobe für Easy werden, redete ich mir ein, dabei war ich einfach nur vergiftet und böse. »Wenn ich du wäre, Kuddel, dann würde ich mit Easy die Klamotten tauschen.« Alle grölten, bis auf Easy, die leichenblass wurde. Ich sah Jenny an. Mir wurde blitzartig heiß. Sie hatte mich durchschaut. Ihr spöttischer Blick durchbrach den Airbag und stieß bis in mein Inneres vor. Sie hatte mich betrunken auf dem Friedhof gefunden, auf dem Grab meiner Omimi. Sie hatte meine Mutter kennengelernt, die mich *Tinkilein* nannte. Sie war die Einzige hier, die wusste, dass meine Fassade Show war und ich das, was ich gerade von Easy verlangte, niemals selbst tun würde. Ich blickte sie flehentlich an. Sie nickte unmerklich.

»Worauf wartest du, Easy?«, sagte sie. Ich atmete erleichtert aus. Wie viel Lüge vertrug mein Leben noch? Wie weit würde ich damit kommen? Was würde passieren, wenn meine Fassade bröckelte? Wer würde noch zu mir halten, wenn er dahinter blicken konnte, in mein trauriges, wundes Herz?

Easy begann sich auszuziehen. Kuddel hatte schon einen absurden Strip hingelegt. Er war völlig zugedröhnt. Der würde jetzt alles mitmachen. Easy öffnete den BH, was niemand von ihr verlangt hatte. Abhalten wollte sie aber auch niemand. Sie hatte schöne runde Brüste. Diese scheiß *Schnitzel* würde sie bestimmt nicht brauchen. Und da kam mir der Gedanke, dass es vielleicht besser wäre, ich würde mir meine platten Dinger operieren lassen, als jedes Mal ertragen zu müssen, dass irgendein Stylist oder Fotograf darauf herumtatschte und mir den Rest meiner Würde nahm. Easys Busen war perfekt. Ich hob meine Handykamera hoch und drückte auf den Auslöser. Genau in dem Moment landete Kuddels Hand auf Easys Brust. *So ein Arsch!* Sofort sprang ich auf und stieß ihn weg.

»Hey, geht's noch?«, brüllte ich. »Klamotten tauschen, nicht befummeln, du Perversling.« Ich trommelte mit den Fäusten auf ihn ein. Easy sagte kein Wort, schien irgendwo herumzuschweben und nichts mehr mitzubekommen. Jenny half ihr die viel zu großen Klamotten anzuziehen, während Latte mich von Kuddel wegzog.

»Kim, hör auf. Er hat's doch nicht mal gemerkt. Völlig dicht isser. Beruhig dich.« Ich sah ihn wirr an. In mir war eine Wundheit, als hätte *mir* gerade jemand an die Brust gelangt. So ähnlich wie bei einem Phantomschmerz, eine Art Phantom-Fummeln. Und da lehnte ich mich an Latte, in dessen Nähe das Schattenmonster verblasste, und weinte, bis der Druck langsam nachließ.

27

Devil hatte mein ganzes Zimmer zugeschissen. Auf dem Bett, dem Fensterbrett, meinen Schulbüchern, der neuen Tasche und sogar in dem Glasschirm meines Deckenfluters. Überall Krähenscheiße. Es war so widerlich, dass ich mein Schminkzeug, das Desinfektionsmittel und ein paar frische Klamotten in eine Chaneltüte stopfte, die Tür von außen abschloss und mitten in der Nacht auf die Straße schlich. Nur wohin sollte ich gehen? Theo und Donna durfte ich nachts nicht stören. Das hatte ich ein Mal gewagt und wurde dafür von Theo zur Sau gemacht. Ihm stand am nächsten Tag ein wichtiges Spiel bevor und Donna war gerade von einem Shooting aus Miami zurückgekehrt und völlig kaputt. Der Knaller war, dass er meinte, ich solle endlich erwachsen werden. *Wäre ich ja gern*, habe ich ihn angeschrien. Und dann hat er mich doch noch in den Arm genommen. Ich musste ihm aber versprechen, beim nächsten Mal vorher anzurufen. Dafür war es nun zu spät. Zu Easy wollte ich auch nicht. Die kotzte wahrscheinlich die restliche Nacht. Das war wirklich nicht besser als Krähenscheiße. Der Einzige, der mir einfiel, war Latte. Der hatte sich korrekt benommen und seine Wohnung lag nicht weit entfernt.

»Kimi, wo warst du denn plötzlich?« Er hatte Boxershorts an und Schlaffalten auf der einen Wange. »Ich hab mir Sorgen gemacht.«

Er bugsierte mich in die Küche, öffnete den Kühlschrank und holte eine Gurke und einen Beutel Milch heraus.

»Sorgen? Warum?«

Er stellte ein Glas auf den Tisch, schenkte ein und trank dann aus dem Beutel. »Für dich.« Er gab mir das Glas. Während er den Beutel zurück in den Kühlschrank stellte, schüttete ich die Milch schnell in den Ausguss. »Na, du warst einfach weg, noch dazu hacke, high und …« Er zeigte an mir hoch und runter. »Wunderschön.« Er lächelte. Seinen ohnehin großen Mund umrahmte ein lustiger Milchbart.

»Ich hatte alles im Griff«, log ich.

»Aha. Und warum bist du hier?«

»Hast du ein Sofa für mich?«

»Schon besetzt. Von Kuddel. Der hat gerade keine Bleibe. Sein Alter hat ihn rausgeworfen.« Latte sah mich an. »Weißt du was, Kimi, ich geb dir mein Bett.« Er wischte mit dem Handrücken über seinen Mund. »Ich hau mich zu Kuddel. Der ratzt zwar wie eine rostige Säge, aber die Nacht ist eh schon fast rum.«

»Danke. Echt nett von dir.«

»Kein Ding.«

Er hob eine Hose hoch, die auf dem Boden lag. Ich erkannte Easys Jeans. Die Beinnähte waren komplett aufgeplatzt. »Die ist hinüber.« Er öffnete den Mülleimer und wollte die Hose hineinfallen lassen. Ich konnte sie gerade noch auffangen.

»Nein, da kann man noch was machen.« Ich wusste zwar noch nicht was genau, aber ich fand, das war ich Easy schuldig.

»Mode ist dein Ding, oder?« Latte tippte auf sein Handy. Dann zeigte er mir meinen Insta-Kanal auf dem Display. »Ich bin dein Follower. Natürlich nur wegen der Beauty-Tipps.« Er schnitt eine Gurkenscheibe ab und klebte sie sich auf die Stirn. Ich lachte.

»Ja. Ich hab alle Folgen von *Perfect Girl* gesehen, schon von klein an. Sonni ist cool. Sie hat ein paar große Talente entdeckt.«

»Findest du? Die verschwinden doch alle in der Belanglosigkeit. Und welchen Scheiß die machen müssen. Ich jobbe in einer Bar. Da gibt es ein paar ältere Typen, die sehen sich das nur an, um sich an den minderjährigen Girls aufzugeilen, die sich fast nackt vor der Kamera räkeln. Echt eklig.«

Es grummelte in meinem Magen und ich wollte schnell das Thema wechseln.

»Und was machst du sonst so?«

»Ich studiere Soziale Arbeit. Du gehst noch zur Schule, oder?«

»Aber nicht mehr lang. Ich arbeite schon als Model.« Latte nickte anerkennend.

»Das bringt gut Kohle, oder?«

»Ich fang gerade erst an.«

»Wenn du auf ein Cover kommst, kauf ich sogar das Modemagazin.« Die Reste des Milchbarts verschwanden in einem Grübchen, als er lächelte.

Ich schlief so tief und traumlos wie schon lange nicht mehr. Durch die Wand hörte ich die beiden Jungs schnarchen. Aber so, wie mich als Kind das Prasseln des Regens auf mein schräges Dachfenster in den Schlaf geleitet hatte, so beruhigte mich jetzt das kleine Sägewerk nebenan. Und schon nach wenigen Stunden erwachte ich vollkommen erholt.

28

Meine Eltern öffneten gemeinsam die Tür, als ich gerade den Schlüssel ins Schloss stecken wollte. Ich erschrak fürchterlich. Sie sagten kein Wort, blickten mich nur sorgenschwer an und ließen mich passieren. Es war unheimlich.

»Ist was mit Theo?« Sie schüttelten langsam die Köpfe und folgten mir bis zu meinem Zimmer. Die Tür war aufgebrochen worden.

»Was ...?«

Sie sagten immer noch nichts, blickten mich weiter gespenstisch an. Ich drückte die kaputte Tür auf und spähte vorsichtig hinein. Shit. Es sah aus wie nach einem wilden Handgemenge. Alle Möbel waren verschoben, sogar mein Bett von der Wand gerückt. Überall lagen Papiere herum und ein paar schwarze Federn. Ein Poster war von der Wand gerissen. Ein Fenster stand weit auf. Wo war Devil? Panisch sah ich zu meinen Eltern.

»Wir haben sie zum Tierarzt gebracht«, sagte Mum düster. »Mitten in der Nacht. Also das, was von ihr übrig war.«

»Oh nein.« Ein paar Tränen kullerten über meine Wangen.

»Sie hat ... Geräusche gemacht. Wir dachten, du hättest ... Also, darum haben wir die Tür aufgebrochen.« Ich blickte Dad an. Er sah ungewöhnlich blass aus und hatte einen verbundenen Finger. »Wir haben alles durchsucht. Sie steckte hinter dem Regal fest.«

»Und wo hast *du festgesteckt*?«, fragte Mum. Der vorwurfsvolle Ton in ihrer Stimme schaltete meinen Tränenfluss sofort ab. Ich sah Dad an.

»Kommt Devil durch?«

»Wer?«

»Die Krähe? Kommt sie durch?«

»Keine Ahnung. Wir haben unser Möglichstes getan.«

»Wo genau ist sie?«

»Tinki, das war eine Krähe! Kein Golden Retriever.« Mit spitzen Fingern hielt Mum den zugeschissenen *Wilhelm Tell* in die Höhe, meine aktuelle Schullektüre, und donnerte ihn anschließend in den Mülleimer. Ich sprang auf.

»Genau. Eine Krähe. Eine hässliche, kleine, kranke Krähe. Wo ist sie?«

»Dr. Daubner.«

»Danke, Dad.« Ich blickte Mum feindselig an. »Um einen Golden Retriever hätte ich mir keine Sorgen gemacht. Um den kümmert sich ja immer jemand. Aber hässliche Krähen, die interessieren kein Schwein. Stimmt's?« Ich ließ sie stehen, ging hinaus in den Garten und suchte die Telefonnummer von Dr. Daubner auf dem Handy. Eine Sprechstundenhilfe nahm ab.

»Ich wollte fragen, wie es der Krähe geht, die heute früh abgegeben wurde?«

»Oh, tut mir leid, die ist leider verstorben.« Die Worte trafen mich wie Faustschläge. Devil war tot, gerade mal einen Tag, nachdem ich ihr den Namen gegeben hatte. Alleingelassen, weggeschlossen, wie alles, was Probleme machte. Ich lehnte meine Stirn gegen den Stamm des Kirschbaums, den meine Eltern zu meiner Geburt gepflanzt hatten, und brach wütend einen niedrigen Ast ab. Wie eine kleine Amputation am eigenen Lebensfaden. Das düstere Loch in mir dehnte sich aus, füllte sich mit Hass und nahm mir die Luft zum Atmen. Schnell kniff ich mir in den Arm und konzentrierte mich auf den Schmerz, bis der Druck in mir nachließ.

Mein Handy vibrierte. Ein Anruf von einer unbekannten Nummer. Vivi? Sie hatte doch immer gespürt, wenn es mir nicht gut ging. Das musste Vivi sein. Verzieh sie mir? Hatte Felix sie verlassen? Fehlte ich ihr so, wie sie mir fehlte? Eilig nahm ich den Anruf entgegen.

»Vivi?«

»Äh, nein, hier ist Tilda.« Ich hätte weinen können vor Enttäuschung. Aber da waren keine Tränen mehr übrig.

»Welche Tilda?«

»Ich hab deine Nummer von Mick.«

»Äh...von Mick?«

»Also, besser gesagt, von seiner *Pussy-Liste*.«

»Was?«

»Ich konnte sie kopieren, Micks Pussy-Liste. Er hat sie im Handy. Mehr als 20 Mädchen.« Sie machte eine kurze Pause. »Ich bin auch auf der Liste.« Das musste ein absolut bescheuerter Scherz sein. Ausgerechnet Mick, der Einzige, der mir gerade wirklich helfen wollte. Vielleicht spielte jemand *Wenn ich du wäre ...* oder so etwas.

»Alles klar«, reagierte ich genervt, »ich fall nicht darauf herein, okay? Lass mich in Frieden. Und wer immer dir die Nummer gegeben hat, gib ihm 'nen Arschtritt von mir.« Ich drückte den Anruf weg. Dieser Tag stand an der Spitze einer großen Menge von Kacktagen. Oh Mann. Es klingelte wieder. Ich stellte das Handy auf stumm und ging in mein Zimmer zurück. Ich ignorierte die Ansagen meiner Eltern, stopfte Easys aufgeplatzte Hose, eine Schere und goldenes Geschenkband in die Chaneltüte und verließ den Tatort. Devil war tot. Alle anderen kamen allein zurecht. Aber wenn ich Easy helfen würde, könnte ich mir vielleicht wieder in die Augen sehen. Der Morgen war immer noch jung. Ich setzte mich auf eine Bank an der Alster und nahm mir die Hose vor. Ich schnitt lauter kleine Schlitze entlang der aufgeplatzten Nähte und fädelte anschließend das Geschenkband hindurch. Und mit jeder Schlinge, die ich durch die Hose zog, legte sich auch ein heilsamer Verband wohltuend um mein Herz.

»Hey, du siehst ja toll aus.« Easy öffnete die Tür. Von ihr konnte man das nicht behaupten. Ihr Gesicht war verquollen, die Stirn voller Falten und die Augen rot unterlaufen. Sie schleuste mich in ihr Zimmer. »Mama ist nicht so gut auf dich zu sprechen.« Ich grinste, denn ich glaubte, dass es auf dieser Welt keine einzige Mutter gab, die gut auf mich zu sprechen war. »Sie findet die Jungs vom Lido gruselig und hält sie für Schwerverbrecher, so wie sie alle Kerle mit Tattoos und Piercings und Dreitagebart für Schwerverbrecher hält.«

»Dann lass uns eine Alternative suchen.«

Und so kümmerte ich mich nicht nur um ihr Outfit, sondern bearbeitete auch ihre Fotos, erstellte einen Ernährungsplan, um ihre Pölsterchen abzubauen, und fertigte ihr heimlich ein Profil auf Tinder an. Es war ein berauschendes Gefühl, Einfluss zu haben, und es lenkte mich von meinen eigenen Problemen ab. Schon nach einer Stunde war der passende Boy gefunden, Zac, mit Sixpack und ohne Makel. Perfekt. Aber als dann ihre alte Clique auflief und Easys vermisstes Kaninchen zurückbrachte, das sie zärtlich in den Arm nahm und mich dabei völlig vergaß, da fuhr der Stachel wieder aus. Easy freute sich über das Kaninchen mehr, als über alle meine Bemühungen, ihrem Leben einen neuen Anstrich zu verpassen. Sie drückte jeden ihrer alten Freunde dankbar, sagte lauter nette Sachen und wollte sogar ein Eiscafé mit ihnen besuchen. Ich fühlte mich wie ein überflüssiges Schmuckstück, das plötzlich seinen Wert verloren hatte. Und da tat ich, was ich dumme Pute scheinbar am besten konnte: Ich versprühte Gift, beleidigte den Kaninchenrettungstrupp und durchschritt es mit eisiger Arroganz.

»Lass uns trainieren, Easy, hier wird man ja schon beim Zuhören fett.«

Krawumm! Schock-Stille. Alle starrten mich an. Ich dachte schon: *Das war's jetzt. Ich hab es endgültig verkackt.* Aber zu meiner Verblüffung folgte sie mir tatsächlich, an all ihren Freunden und ihrer zeternden Mutter vorbei, nach draußen und lief mit mir um die Alster, eisern schweigend, aber in Bestzeit.

29

Ich verlor mehr und mehr meine Orientierung. Es war, wie in einem enger werdenden Käfig gefangen zu sein, der Achterbahnschienen entlang raste und sich dabei permanent überschlug.

Ausgerechnet jetzt tat meine Mum, worauf ich so lange gewartet hatte: Sie war da, wenn ich sie früher gebraucht hätte, nahm mich in den Arm, wenn ich früher dankbar dafür gewesen wäre, und kochte leckeres Essen, das ich früher freudig verschlungen hätte. Und ich konnte nichts von alledem nehmen. Mein Schnäbelchen stand weit geöffnet, wartete auf Nahrung und Fürsorge, aber wurde mir etwas angeboten, kotzte ich es geräuschvoll wieder aus oder stellte mich tot wie ein Friedhofsstatue.

In der Schule sorgte ich dafür, dass Easy ab sofort neben mir saß. Anstatt mich in die Klassengemeinschaft hineinzubegeben und Gefahr zu laufen, angreifbar zu werden, holte ich Easy lieber aus ihr heraus. Mit ihrer einst besten Freundin Yara hatte sie sich ohnehin überworfen und dass ihr inzwischen einige Jungs aus der Oberstufe hinterhergafften schien sie darin zu bestätigen, was ich ihr die ganze Zeit schon predigte, nämlich dass man mit einem straffen Trainingsplan und dem richtigen Look von der Welt wahrgenommen wurde. Der Kampf in meiner Brust lief auf Hochtouren. Einerseits wollte ich Easy helfen, wie es mir früher bei Vivi so leicht gefallen war. Andererseits war ich gierig danach, die Leere in meinem Herzen mit dem Gefühl von Macht auszustopfen, zum Beispiel, indem ich ihr Matteo madig machte, der meine Stellung bedrohte wie einst Felix.

»Lasse steht auf dich.« Ein großer Kerl mit breiten Schultern und einem Zopf zwinkerte uns zu.

»Uh, der ist so ein Macker, denkt, er könnte jede haben, dabei ist er beliebt wie eine Wurzelbehandlung.« Easy wandte angewidert den Blick ab.

»Ich find ihn cool. Hab gehört, dass er geile Partys schmeißt.« Eigentlich wusste ich nur, dass er Hasch vertickte. »Und Tammo? Der hat echt Eier in der Hose.« Ich nickte zu einem blondgelockten Rambo für Arme. »Ich glaub, der hält alles Böse von seinem Mädchen fern.« Ich boxte Easy in die Seite. Sie lachte.

»Der? Nee. Der war mal bei Lenny im Fußballverein. Hat den Kopf eingezogen, wenn der Ball kam. Vergiss es. Hier ist echt Sahara, was gute Typen angeht.« Matteo und Lenny liefen über den Platz auf eine Gruppe Mädchen zu, die bei den Fahrradständern gluckte. Easy verfolgte die beiden mit ihrem Blick und es war offensichtlich, dass sie gerade die *Sahara* durchquert hatte und in einer *Oase* angekommen war.

»Ich glaube, es wird Zeit für ... ZAC«, versuchte ich sie zurückzuholen. Ich konnte nicht ertragen, dass sie mir entglitt und sehr gut ohne meine Ratschläge klarkam. Doch da war noch etwas anderes, das ich zuerst nicht wahrhaben wollte. Easys jungfräuliche Unschuld erinnerte mich daran, auf welch unrühmliche Weise ich die meine verloren hatte. Jedes Mal, wenn ich in ihr unverdorbenes Engelsgesicht sah, schämte ich mich, fühlte mich schmutzig und benutzt. Sofort musste ich mir die Hände desinfizieren, als könne ich damit meine Unschuld wiederherstellen, mich rein waschen.

Easy sehnte sich immer noch nach Matteo und zeigte kein wirkliches Interesse daran, neue Erfahrungen zu machen. Also würde ich ein wenig nachhelfen und wir hätten beide etwas davon, wären endlich Schwestern im Geiste. Ich forcierte ihr Treffen mit Tinderboy Zac, hatte aber ein mulmiges Gefühl dabei. Denn woher sollte ich wissen, ob er nicht ein testosterongetränkter Vollpfosten war, der sich an ihr vergreifen würde? Getrieben von der Sehnsucht, Bedeutung zu haben und mich mit Easy zu fühlen wie früher mit Vivi, spielte ich das Spiel aber dennoch mit. Dafür bestrafte ich mich anschließend, verweigerte mir das Essen, ließ Freundlichkeiten abprallen, die ich nicht verdiente, und kniff mir ins Handgelenk, bis ich ein wenig von der Schuld verbüßt hatte. Es war krank.

30

Da war mein neues Tinder-Date die perfekte Ablenkung. Er hieß Moses, was nach Befreiung klang. Die Unternehmung barg aber auch ein gewisses Risiko, denn Moses war ein riesiger, breitschultriger Biker, mit Drachentattoos und einer röhrenden Harley. Der hätte mir mit Leichtigkeit alle Knochen brechen können. Aber ich wollte endlich mal auf einer Harley sitzen und es forderte mich auch heraus, mit so einem Typen fertig zu werden, gegen den Zac vollkommen harmlos wirkte. In seinem Tinder-Profil bezeichnete Moses sich als *Ministrant*. Humor hatte er also, denn religiös war er bestimmt nicht. In Latein hatte ich gelernt, dass Ministrant *Diener* bedeutet. Ich konnte ihn mir höchstens als *Diener* der Hells Angels vorstellen, der *Höllenengel*. Und darauf sprang ich an. War ich nicht selbst so etwas wie ein Höllenengel? Gefangen im Orkus, mit gebrochenen Flügeln?

Wir trafen uns auf dem Anleger vor der Markthalle am Fischmarkt. Ich hatte diesmal meine Lederjacke mit Nieten an. Die Elbe brandete wild an die Kaimauer und die Möwen kreischten, als ein lautes Donnern alles übertönte. Moses parkte seine Maschine direkt vor dem Pier. Er stampfte in schweren Lederstiefeln auf mich zu. Den Helm in seiner Hand zierte ein Totenkopf mit Flügeln. Äußerlich wirkte Moses brutal, aber sein warmes Lächeln und die wasserblauen Augen deuteten auf einen weichen Kern hin. *Auch so ein zerrupf-*

ter Teddy im Gewand eines Unverwundbaren ... wie ich ... irgendwie.

»Kim, korrekt?« Er hielt mir eine Pranke hin und ich legte mein kleines Pfötchen ängstlich hinein. Aber er drückte nur sanft zu. »Hey, du siehst ja sogar in echt zum Anbeißen aus.« Das konnte ich nicht erwidern.

»Der Schein trügt. An mir kann man sich höllisch die Zähne ausbeißen.« Er lachte scheppernd. Es klang wie bei einer alten Rostlaube, wenn das kaputte Auspuffrohr über den Boden schleift. Wahrscheinlich waren seine Stimmbänder hinüber, weil er den Höllenbrüdern beim Biken immer Zoten zubrüllte.

»Und so was Zartes wie du will 'ne Rocker-Braut sein? Muss ich ja aufpassen, dass du mir nicht weggeweht wirst.« Wieder die scheppernde Lache.

»Deshalb trag ich extra 'ne schwere Jacke.« Ich hatte ihn schon im Sack, als die erste Minute noch nicht rum war. Und bevor er mir weiter Löcher in den Bauch fragen konnte, schlug ich vor, die Spritztour direkt zu starten. War ja der Sinn der Sache. Er hatte sogar fette Boxen am Lenker. Als die Mucke losdonnerte, gingen einige Passanten in Deckung, als ob Bombenalarm wär. Ich zuckte ehrlich gesagt auch zusammen, versuchte aber, mir nichts anmerken zu lassen. *Angels forever, forever Angels* grölte Moses den Refrain mit. Dann röhrte die Maschine los und alle im Umkreis von 500 Metern, die uns bis jetzt erfolgreich ignoriert hatten, waren augenblicklich Teil unserer Höllenshow. Wow. Das haute mir endlich mal für ein Weilchen die düsteren Gedanken aus dem Schädel. Und als wir die Landstraße erreichten, grölte auch ich irgendwas mit *never die* und *ride on* den blöde glotzenden

Kühen entgegen. Ein Fest. Schade nur, dass Moses natürlich mehr wollte, als mich durch die Gegend zu kutschieren. Geplant war, ihn nach der Tour abzuservieren. Aber ich hatte mich lange nicht so frei und lebendig gefühlt. Da musste doch noch eine Verlängerung drin sein. Also vertröstete ich ihn auf ein weiteres Treffen.

Und das fand ausgerechnet auf dem Ohlsdorfer Friedhof statt. Jenny wollte, dass sich die Clique dort einfand, um den Todestag ihres Vaters würdig zu begehen. Latte meinte, ich solle ihr den Gefallen tun. Aber es war eine beschissene Idee. Überhaupt wirkte Jenny so, als würde sie sich mehr im Reich der Toten aufhalten, als unter den Lebenden. Sie sah immer krankhaft blass aus. Dazu hatte sie diesmal grüne Haare. Ich dachte mir, dass ein *Ministrant* die Feierlichkeiten bereichern würde und hatte Moses eingeladen, als kleine Überraschung und um Jennys leidiger *Vorladung* schnell und geräuschvoll zu entkommen. Insgeheim wollte ich Easy außerdem zeigen, dass ich sogar mit einem wie Moses fertig wurde. Wir standen gerade an einem bemoosten Springbrunnen inmitten von Grabsteinen, als er auf uns zu gestapft kam.

»Das ist Moses«, verkündete ich der verblüfften Bande. »Er war mal Ministrant.«

»Was geht, Leute?«, knatterte Moses in die Runde. Schweigen. Bis Jenny sich rührte.

»Mensch, du weißt doch, warum wir hier sind.«

»Eben«, sagte ich, »also los«. Und dann ging es kreuz und quer über den Friedhof. Ich glaube, Jenny baute absichtlich einen riesigen Umweg ein, damit wir an Omimis Grab vorbei kamen. Sie warf mir einen mahnenden Blick zu, als es in

Sichtweite kam, und ich hatte Mühe, mir nichts anmerken zu lassen. Sie konnte mich jederzeit wegen meiner erlogenen Familiengeschichte hochgehen lassen. Warum verschonte sie mich eigentlich? Sogar als die Situation am Grab ihres Vaters komplett eskalierte, weil Moses seinen Namen schwul fand und damit auch nicht hinter den Berg hielt, haute sie einfach ab, anstatt auszuteilen. Und dann nahm Latte mich in den Arm, freundschaftlich versteht sich. Aber Moses schien das nicht zu gefallen.

»Hey, was wird'n das?« Er stob auf uns zu, mit der ganzen Wucht seines massigen Körpers und zerrte Latte von mir weg.

»Spiel dich nicht so auf, Muskelmann«, sagte Latte, »ich werd schon nix abbeißen.« Sein Mut in allen Ehren, aber einen Hells Angel wie Moses zu provozieren war verdammt bescheuert. Der holte aus und knallte Latte seine Faust mitten ins Gesicht. Shit. Latte taumelte und kippte auf einen Grabstein. Und da tickte auch bei mir eine Sicherung durch und ich keifte Moses an.

»Mensch, lass Latte in Ruhe. Der ist ein Freund.«

»Hör mal, ich seh doch, was der vorhat, bin doch nicht blöde.« Und dann griff seine Pranke zu und schloss sich schmerzhaft um meinen Arm. »Lass uns abhauen, die sind kein Umgang für meine Braut.« Moses schmetterte Latte und Kuddel all seine Verachtung entgegen und zerrte mich auf den Weg Richtung Ausgang. Ich hatte eine Scheißangst. Moses würde mir nicht nur die Knochen brechen, wenn ich ihn absorvierte, er würde mich bestimmt zerstückeln und meine Teile beim nächsten Biker-Treffen über offenem Feuer rösten und zur Stärkung servieren. Ich blickte mich noch einmal zu Latte, Kuddel und Easy um, die mir sprachlos nachsahen, und machte einen kläglichen Versuch, mich aus dem festen Griff zu befreien, aber Moses quetschte meinen Arm noch unbarmherziger zusammen. Erst als wir seine Harley erreichten, ließ er mich los und drückte mir grob den viel zu großen Helm auf meinen Kopf.

»Okay, Häschen, wenn *das* deine Freunde waren, dann suchen wir dir besser neue. Auf dem Biker-Treff morgen stell ich dir ein paar Leute vor. Und das sind bestimmt nicht solche Schlappschwänze wie diese armselige Bohnenstange eben. Klar?« Ich schwieg, war derweil krampfhaft damit beschäftigt, mir eine Strategie zu überlegen, wie ich diesem *Höllenengel* entkommen konnte. Plötzlich hatte ich die rettende Idee. Sofort wurde mir wieder warm und die Phantomschmerzen an meinem Körper, an all den Stellen, die Moses in meiner Vorstellung geschändet hätte, verschwanden sofort. Wir donnerten zu seiner Wohnung, einem muffigen Loch über der *Ritze*, mitten auf der Reeperbahn.

»Da box ich«, sagte Moses stolz und zeigte auf den Eingang des Clubs. Die Mädchen, die im Hausflur herumlungerten, waren eindeutig nicht zu ihrem eigenen, sondern zum Spaß anderer hier. Mir wurde sofort kotzübel und ich betete, dass Moses auf meine Show hereinfallen würde. Er zog mich die Treppe hoch bis in sein Wohnzimmer, das wie ein Hells-Angels-Museum aussah. Von allen Wänden blickten mich die geflügelten Totenköpfe an. Er warf sich auf ein Sofa, das unter seinem Gewicht ächzte, öffnete seinen Gürtel und klopfte auf seine Oberschenkel. Ich setzte mich zögerlich.

»Wie ein Vögelchen«, schnurrte Moses genüsslich und griff mir unter dem T-Shirt um die Taille. Ich konnte keine Sekunde mehr warten.

»Moment mal.« Ich sprang auf. »Meine Tabletten.« Schnell schloss ich mich im Bad ein und spritzte mir Wasser in den Schritt meiner Hose.

»Tabletten?« brüllte Moses. »Die Pille oder was?« Ich öffnete die Tür.

»Nee, so Psychozeugs.«

»Wofür'n das?« Und nun heulte ich munter drauflos. Ich konnte das wirklich gut.

»Ich hätt's dir sagen sollen, sorry«, jammerte ich. »Aber du bist so ein cooler Typ und ich wollt dich nicht gleich verlieren … Manchmal bekomme ich so Anfälle, mit Krämpfen und unkontrollierten Ausscheidungen.« Ich sah beschämt weg. »Leider meistens beim Sex. Die Tabletten verhindern das zwar nicht, aber wenigstens hört's dann von allein wieder auf und ich muss nicht sofort ins Krankenhaus. Kommt auch nur noch ganz selten vor, dass ich kotzen muss. Aber weißt du was?« Ich blickte ihn irr an. »Die Ärzte haben mir damals nur noch drei Jahre gegeben. Jetzt sind schon vier rum. Vielleicht haben wir ja noch ein bisschen Zeit zusammen.« Und dann setzte ich mich mit meiner nassen Hose auf seine Beine. Er schubste mich hektisch herunter wie eine Giftschlange und sprang auf.

»Waaah. Neee. Echt jetzt? Du bist 'ne Psychotante?« Er schüttelte sich angeekelt und zog mich zur Tür. »Scheiße, verdammt. Ich bin doch kein schwuler Therapeut. Hab genug Mist an der Backe. Hey, ich bin Road Captain.« Er wurde immer lauter, schaukelte sich selbst hoch. »Neee, wirklich. Ne Schande ist das.« Er blickte auf meine Brüste und ich deutete schnell ein Würgen an. »Ahhh, verdammt. Du kotzt mir jetzt nich die Bude voll. Raus mit dir.« Er griff in seine Hosentasche, holte einen Schein heraus und drückte ihn mir in die Hand, während er mich mit der anderen aus der Tür schob. »Nimm dir 'n Taxi und vergiss mich.« Und damit knallte er die Tür hinter mir zu. In meiner Hand ein 50-Euro-Schein.

Als ich im Taxi saß, klingelte mein Handy.

»Kimi, geht's dir gut? Mensch, ich versuch schon die ganze Zeit dich anzurufen.« Latte klang sehr aufgeregt.

»Alles gucci«, sagte ich munter. »Und bei dir? Wie geht's deiner Nase?«

»Gebrochen, aber ich lebe ... Ich hab euch noch 'ne Weile gesucht, dachte, der Typ tut dir was an.«

»Nee, der hat mir sogar 'nen Fuffi gegeben, damit ich ihn in Ruhe lasse.«

»What? Du machst Witze.«

»Nope. Und Jenny?«

»Ben hat noch 'ne Rede gehalten und die Sache gerettet. Jenny hat sogar Easy nach Hause gebracht.«

Und da verflog meine gute Laune. Warum machte die das? Was wollte sie von Easy?

»Kimi? Bist du noch dran?«

»Hm.«

»Ich würde mir jedenfalls wieder die Nase für dich brechen lassen. Schlaf gut.«

31

Wenn ich mit so einem Kaliber wie Moses fertig wurde, dann konnte mir doch auch ein Casting bei einem Fotografen-Schwergewicht nichts anhaben. Ich fühlte mich zwar gut vorbereitet, als ich bei Dan Bradley klingelte, hatte aber trotzdem eine Scheißangst, dass ich es verbocken könnte. *Ich bin genau die, die ihr braucht,* versuchte ich mir Mut zu machen. *Ihr habt nur auf mich gewartet. Ich bin gebündelter Elfenstaub.* Aber auch Micks Warnungen geisterten durch meine Gedanken: *Wenn er sich komisch verhält, denk dir nichts dabei. So ist er immer. Das hat nichts zu bedeuten. Da müssen alle Models durch. Verärgere ihn bloß nicht. Er hat die Macht, dir den Markt zu versauen, dafür zu sorgen, dass keine Agentur mehr etwas von dir wissen will ... und von mir!*

»Hello dear.« Dan Bradley stand leibhaftig vor mir, ein kleiner untersetzter Glatzkopf mit einer mächtigen Aura. Wie machte er das?

»Hi.« Ich gab ihm die Hand und tippelte auf meinen High Heels in sein Studio, wo schon eine ganze Crew auf mich wartete.

»Gut, gut«, sagte er und sah an mir herunter. »Micks girls sind immer fantastic.« Er ging mit mir direkt zu einer älteren Blondine. »Sonja, mach aus unserem Sternchen eine Strandnixe, okay?« Sie blickte mich ernst an und zog mich zu einem Kleiderständer in die Ecke. Es war ein bisschen gespenstisch, dass niemand außer Dan Bradley etwas sagte. Alle befolgten stumm seine Anweisungen. Ausgerechnet mit Bademoden fing das Shooting an. Ich ahnte, was kommen würde. Sonja sah mutlos auf mein Dekolleté. *Hmm*, machte sie. Mehr nicht. Dann winkte sie einen bärtigen Stiernacken heran und zeigte auf meine Brust.

»Da musst du ran«, sagte sie. Das Gesicht des Bärtigen hellte sich auf. Er öffnete eine Kiste und holte sie heraus: *chicken fillets*. Die verdammten *Schnitzel*. Ich dachte neidvoll an Easys perfekte Brüste.

»Sie ist zu blass«, rief Dan Bradley ihm zu. Und da legte der Kerl die *Schnitzel* wieder beiseite und zog eine Sprühdose aus seiner Kiste.

»Zieh mal alles aus«, sagte er. Und dann: »Augen zu und Atem anhalten.« All die anderen stummen Gestalten, die wie Pappfiguren im Raum herumstanden, sahen zu. Es hatte seltsamerweise etwas von einer Vorbereitung zur Opferung. *Ich bin genau die, die ihr braucht*, betete ich vor mich hin. Der Bärtige, der offensichtlich der Stylist war, sprühte meinen ganzen nackten Körper mit einer bronzenen Farbe ein. Dann pappte er mir die Schnitzel auf die platten Brüste und drapierte endlos das Bikinioberteil darüber. Und als sei die Show nun beendet, bewegten sich die *Pappfiguren* plötzlich alle und verließen den Raum. Nur Dan Bradley blieb zurück.

»Soooo, dann wollen wir mal.« Er rieb sich die Hände. »Leg dich da auf den Sandhügel. Wir machen Close-ups.« Auf eine weiße Plane war eine Menge feinster Dünensand aufgehäuft worden. Dahinter eine Fototapete mit Meeresmotiv. Ich fand's schrecklich kitschig, wusste aber, dass die Fotos ja noch bearbeitet wurden.

»Brauchst du was zum Warm-up?«, fragte Dan Bradley und schwenkte eine Champagnerflasche und zwei langstielige Gläser durch die Luft. Ich hatte mir zwar schon Mut angetrunken, war aber seit dem Styling total verkrampft und brauchte tatsächlich etwas zum Auftauen. Ich nickte. Dan Bradley schenkte uns beiden ein und setzte sich neben mich auf den Sandhügel.

»Auf gute Zusammenarbeit«, sagte er und stieß mit mir an.

Ich bin gebündelter Elfenstaub, betete ich innerlich. Aber es half nicht. Ich fühlte mich schrecklich, fast nackt, mit diesen entwürdigenden *Schnitzeln* auf der Brust, angestrahlt von drei erbarmungslosen Scheinwerfern, allein mit diesem alten, diabolisch blickenden Mann, der mir viel zu nah saß. Als ich meine Beine an den Körper heranzog, klebte der Sand an den bronzierten Schenkeln.

»Oh«, sagte Dan Bradley, »die Farbe war wohl noch nicht trocken«. Er zog einen Mundwinkel hoch, wie ich es in den Sendungen so oft beobachtet hatte, wenn er über eines der Mädchen spottete. Und dann fuhr er eine Klaue aus und wischte den Sand von meinen Schenkeln. Ich bekam sofort eine Gänsehaut und wurde starr wie ein in die Enge getriebenes Tier, das keinen Ausweg mehr fand.

»Let's go.« Dan Bradley stand auf, nahm seine Kamera vom Stativ und ging vor mir in die Hocke. »Zeig mal, was du kannst.«

Verärgere ihn bloß nicht, dachte ich. *Er hat die Macht, dir den Markt zu versauen.* Ich kippte den Schampus hinunter und nahm drei tiefe Atemzüge.

»Okay, 30 Grad im Schatten. Du bist die Beauty am Strand. Alle Männer liegen dir zu Füßen. Du fühlst dich great, attractive, sexy. Da ist ER, dein Traummann, mit einer anderen, ganz in der Nähe. Er sieht dich. Du musst alles geben, damit er dir verfällt. Du räkelst dich vor ihm im Sand ... yes, that's it ... du zeigst ihm, was er verpasst, wenn er nicht sofort herüberkommt ... yeah, yeah ... und da sieht er dich. Er kann seinen Blick nicht abwenden. Come on, mach mit, Kim, sei verführerisch, zeig alles, was du hast, an Sexiness ...« Die Kamera klickte in einem fort. Dan Bradley rutschte vor mir auf dem Boden herum und machte widerliche Geräusche, *uhhh* und *ohjaaaa* und *heisssss*. Ich dachte an die *Ritze* unter Moses Wohnung, an die Mädchen, die im Treppenhaus gestanden hatten, an den fischigen Geruch und an Blümchenstoff. Mir wurde schlecht, aber ich zwang mich weiterzumachen, verfluchte die Bilder, die immer wieder in meinen Geist drängten. *Wenn du nach oben willst, musst du die Zähne zusammenbeißen.*

»Yeah, jetzt lässt er seine Puppe stehen und kommt auf dich zu. Gib alles. Dein Glück hängt allein davon ab, ob du ihn rumkriegst. Spiel mit deinen Reizen. Vielleicht ziehst du den Stoff des Tops ein wenig zur Seite. Come on. Sei nicht so schüchtern.« Seine Stimme schlug um, wurde ärgerlich. Ich konnte nicht, wollte nicht, auf gar keinen Fall würde ich ihm jetzt hier meine Brüste in die Kamera halten. Niemals.

»Kim, hey«, er sah hinter der Kamera hervor. »Was ist los? Bisher lief es fantastic. Nicht nachlassen jetzt. Du schaffst das.« Seine eng stehenden Augen fixierten mich.

»Ich kann nicht.« Und da lächelte er plötzlich.

»Natürlich kannst du das, my dear,«, sagte er mit weicher Stimme. »Soll ich dir helfen?« Ich nickte, ohne zu überlegen, beherrscht von der Angst, ihn zu verärgern. Schon kniete er sich direkt neben mich, hielt mit einer Hand seine Kamera auf meinen Unterleib gerichtet und zog mit der anderen den Stoff meines Höschens zur Seite. Ich erstarrte, konnte nichts dagegen tun. Die Kamera klickte ununterbrochen. Knarzendes Meeresrauschen scheppterte aus einer Box. Plötzlich drang etwas in mich ein. Eine seiner Krallen bohrte sich tief in meinen Leib und schleuderte mich aus meiner schmutzigen Hülle. Ich schwebte unter der Decke. Von oben sah ich herab auf das, was sich unten abspielte und worauf ich keinen Einfluss hatte.

»Jaaahhh«, stöhnte Dan Bradley, »das macht die Bilder sinnlicher.« Das Klicken der Kamera explodierte in meinem Kopf. Wie ein Maschinengewehr feuerte der Apparat auf meinen Unterleib und trieb ihm die letzten Reste von Unschuld aus. Von der Decke blickend sah ich die ausgebeulte Hose des Monsters, sah meine Scham, sah die Bewegungen von seiner Teufelskralle, sah mich tausendfach sterben in einer einzigen Sekunde. Und während ich da schwebte, während das Maschinengewehr klickte, während das Schattenmonster leibhaftig nach mir griff, wurde mir mit einem Mal klar, warum die ganzen Gestalten, die vorhin den Raum bevölkert hatten, so leblos wie Pappfiguren erschienen waren. Es war die stumme Gehorsamkeit von Mitwissern, das beschämte Wegguken von devoten Komplizen. Alle hatten es gewusst, Sonja genauso wie der bärtige Stiernacken. Und keiner von ihnen hatte mich gewarnt. Wie ein Meteorit stürzte ich hinab und knallte in der Wirklichkeit auf harten Grund. Das leibhaftige Schattenmonster wusch sich gerade die Krallen, als ich meinen Körper wieder fühlte und die Augen aufschlug in einer neuen Wirklichkeit, die noch düsterer war als die Wirklichkeit zuvor. Das Schattenmonster lachte.

»Sieh mich nicht so an. Wenn du Model werden willst, dann musst du so was tun. Du gewöhnst dich daran.« Er fasste sich in die Hose und sortierte den Inhalt. »Von meinen Kontakten hat schon so manches Model profitiert.« Er schlug auf eine Art Gong. Sofort sprang die Tür auf und all die Arschkriecher strömten herein und räumten den Tatort auf. Keiner sah mich an. Sie fegten und räumten, schoben und schraubten, wischten und sortierten um mich herum. Ich war eine leblose Puppe für sie, eines von Dan Bradleys beliebig vielen Sexspielzeugen. Sonja zog an den Schlaufen meines Oberteils, nahm es ab und hängte es auf einen Bügel. Sie räusperte sich ein paarmal, bis ich verstand, dass ich das Höschen selbst ausziehen sollte. Sie drückte mir meine Klamotten in den Arm und verschwand. Auch Dan Bradley verschwand. Das Licht erlosch und ich stand nackt und ganz allein mit einem Arm voller Kleidungsstücke im dunklen Studio. Nur das funzelige Licht einer Notbeleuchtung schimmerte noch. Ein Lebensfunken in der Unterwelt. Wie ferngesteuert zog ich mich an und richtete mein zerrupftes Gefieder.

Wie viele hatte es vor mir gegeben?

Wie viele Mädchen aus *Perfect Girl* waren darunter gewesen, die am nächsten Tag wieder lächelnd vor der Fernsehkamera stehen mussten? Ich stürzte die Straßen entlang, fühlte mich wie eine Aussätzige, spürte immer noch die Kralle in mich eindringen, schämte mich, hasste mich, verfluchte mich. *Soll ich dir helfen?*, hatte er gefragt und ich hatte *ja* gesagt.

32

»Du bist früh dran.« Mum rührte in einer Schüssel. »Ist was ausgefallen?«

»Ja«, sagte ich und beeilte mich, in mein Zimmer zu kommen.

»Was ist mit deiner Haut passiert?«

»Nichts.« Ich nahm neue Wäsche aus dem Schrank und schloss mich im Bad ein. Das Wasser färbte sich schlammig braun. Ich blickte in den Strudel, der sich über dem Abfluss bildete, stellte mir vor, wie er immer größer und größer werden und mich in die Tiefe ziehen würde. Alles wäre vorbei. Meine Scham würde sich auflösen, mein Hass, meine Schuld. Keiner müsste sich mehr Sorgen machen, niemand wäre meinen Stimmungen ausgesetzt, es würde Frieden einkehren.

Ich schlich mich in den Keller und nahm eine neue Flasche Wodka aus dem Vorratsregal. In der Küche sang meine Mutter *We are the champions* und klopfte im Takt auf einen Topfdeckel. Hatte Theo wieder ein Tor geschossen? War Donna auf dem Vogue-Titel? Warum hatte sie so gute Laune? Oder war es, weil ich dabei war zu verschwinden, zu verblassen, mich aufzulösen? Was würde sie aus *meinem* Zimmer machen? Vielleicht einen Therapieraum mit einer Leder-Couch? Ich sah mich um. Sie hatten alles gereinigt, desinfiziert, sogar neu gestrichen. Mein Raum glich einem Hotelzimmer, war ordentlich und clean. Das Gegenteil von mir. Auch Omimis

Teddy sah aus wie neu. Das fehlende Ohr war wieder angenäht, der beige Stoff glänzte und er blickte mich aus zwei gläsernen Knopfaugen an. Die Geschichte war ausgelöscht worden, Omimis wie auch meine. Eine heile Scheinwelt. Ich passte hier nicht mehr hinein.

Das Handy klingelte. *Mick*, stand auf dem Display. Mir wurde schwindelig. Ich öffnete die Wodkaflasche und nahm einen Schluck.

»Hallo, Kim, hier ist Mick. Wie ist es gelaufen? Dan schien sehr zufrieden.«

»War okay.« Ich kniff die Haut an meinem Arm zusammen, bis es wehtat.

»Wunderbar. Ich wusste, du machst das großartig.« Ich nahm noch einen Schluck Wodka.

»Mick?« Mein Herz donnerte. »Es gibt da was ...«

»Ja, ja, ich weiß.« Er lachte. »Die Fotos kriegst du natürlich. Ich kümmere mich drum.« Ich würgte.

»Nein. Nicht so wichtig. Ich wollte etwas anderes ...«

»Du, ich hab gerade ein Shooting. Wir sprechen später, ja?«

»Okay.«

Er legte auf. Ich nahm noch einen Schluck Wodka.

»Tinkilein, Essen ist fertig.« Mum klopfte an die Tür. Ich schwankte benommen hinaus in den Flur, ins Wohnzimmer und ließ mich auf einen Stuhl am Esstisch fallen.

»Du siehst ja schrecklich aus.« Mum ging um den Tisch herum und nahm mich in den Arm. »Was ist denn passiert?« Und da löste sich ein Pfropfen tief in mir drin und es sprudelte die Kehle hinauf, während mir die Tränen in die Augen schossen.

»Mum, ich will doch Model werden, und ich habe einen Fotografen kennengelernt, der will mir helfen. Er findet mich toll. Er hat Kontakte zu wichtigen Leuten. Aber bei dem Casting heute ...«

»Kathinka«, unterbrach mich Mum streng und schob mich von sich weg. »Du hast getrunken. Du stinkst nach Alkohol. Wie konntest du nur?« Sie schäumte und stürzte aus dem Zimmer, rannte fluchend durch das Haus und kehrte mit der angebrochenen Wodkaflasche zurück. Angewidert blickte sie mich an und sofort war ich wieder der Abschaum, als der ich mich fühlte. »Und ich dachte, alles wird besser.« Sie hatte feuchte Augen. »Jetzt, wo ich mehr Zeit für dich habe und du auf dieser neuen Schule bist. Ich dachte, du wärst endlich ...«

»Normal? So toll wie Theo? Die Tochter, die du immer haben wolltest? Eine perfekte ...«

»Nein.« Sie fuhr in mein Wehklagen wie mit einer scharfen Klinge. »Glücklich. Ich dachte, du wärst wieder glücklich.«

»Mum, du denkst, wenn du plötzlich mehr Zeit hast und singend den Kochlöffel schwingst, kannst du ein großes glitzerndes Einhorn-Pflaster auf all meine Wunden kleben und die Welt ist wieder in Ordnung? Du hast doch keine Ahnung. Du weißt nichts von meinem Leben. Du belächelst meine Wünsche und lässt alles, woran mein Herz hängt, ausradieren. Sogar aus Omimis Teddy hast du ein seelenloses Stoffbündel gemacht. Hier gibt es nichts Lebendiges, nichts, was mir etwas bedeutet. Und außerdem hast du verpasst, wie deine missratene Tochter eine missratene junge Frau geworden ist. Schönen Gruß an Dad: Prinzessin Lillifee ist tot. Jemand hat ihr die Krone geraubt und sie im Wald verscharrt.« Ich blickte Mum verblüfft an, die starr dastand, die Wodkaflasche immer noch in der Hand und mir meinen Blick zurückwarf.

Ihre therapeutische Professionalität kämpfte gegen die mütterliche Kränkung.

»Tinki, du machst mir Angst«, sagte sie so leise, dass ich sie kaum verstand. »Du brauchst Hilfe.«

»Ja«, sagte ich, »und ich weiß auch, von wem.« Und damit ließ ich sie stehen und verließ das Haus.

33

»Hey, mein neuer Diamant.« Mick nahm mich in den Arm. »Komm rein.« Er zeigte auf sein Sofa. »Setz dich.« Die Tür zu seinem Studio stand offen und Beyoncé trällerte ihr *Single Ladies*. Er schloss die Tür und setzte sich zu mir. »Ich bin wirklich stolz auf dich. Dan klang richtig euphorisch. Der hat bestimmt bald einen guten Job für dich und jede Agentur wird dich mit Kusshand aufnehmen.«

»Ja, vielleicht. Aber ...« Ich würgte die Worte hervor.

»Hey, was ist denn los?« Micks sonore Stimme legte sich wärmend um mein Herz.

»Ich möchte lieber nicht mehr mit ihm arbeiten.«

»Was? Warum?«

»Du hast ja gesagt, dass er speziell ist. Und da hattest du vollkommen recht. Aber er ist mehr als das. Er ...« Mir wurde heiß.

»Ja?«

»Er ist mir doch zu ... Also er möchte Dinge, die ... Ich glaube, das passt nicht so.« Ich brachte es nicht über die Lippen und blickte zu Boden.

»Also, Kim. Ich glaub, du weißt nicht recht, mit wem du es da zu tun hast. Dan ist sehr einflussreich. Er kann einem Model zu Ruhm verhelfen. Er kann aber auch dafür sorgen, dass keine Agentur von Rang und Namen es jemals aufnehmen wird. Verstehst du?«

»Aber ...«

»Nichts aber.« Er wurde wütend. »Du willst professionell sein? Du willst auf den großen Modeschauen laufen? Für die bekanntesten Labels? Dann tue, was er sagt, verdammt. Was denkst du denn, wer du bist? Und überhaupt, bist du dir darüber im Klaren, was das für mich bedeutet, wenn du ihm eine Abfuhr erteilst? Bisher war er immer zufrieden mit den Mädchen, die ich ihm geschickt habe. Aber wenn du nun zickig wirst, dann wird das auch meinen Ruf beschädigen. Ist das klar?«

Es war ein Albtraum. Erst das schreckliche Shooting, dann meine keifende Mutter und nun war auch noch Mick enttäuscht von mir. Die Tür zum Studio ging auf und eine Frau kam herein. Sie schien überrascht, uns auf dem Sofa zu sehen. Mick sprang sofort auf und lächelte sie an.

»Natasha, ich komme gleich.« Sie blickte mich an, dann Mick, dann wieder mich. »Das ist Kim«, sagte Mick. »Sie wollte gerade wieder gehen.« Natasha zog eine Augenbraue hoch und wandte sich mir zu.

»Hallo, ich bin Natasha.« Sie gab mir eine Hand. »Micks Assistentin.«

»Ja, ohne sie läuft hier gar nichts.«

»Bei unserem Shooting war sie aber nicht dabei«, sagte ich. Mick blickte mich entsetzt an. Auch Natashas Augen weiteten sich.

»Welches Shooting?«, fragte sie.

»Da warst du in Wien. Kim hat mich gebeten, ein paar Bilder zu machen. Für ihre Mappe.«

»Aha.« Sie sah Mick finster an. »Ein Shooting.« Sie zog das Wort in die Länge. »Wahrscheinlich mit Jeremy, stimmt's?«

»Ja«, sagte ich. Natashas Blick verfinsterte sich.

»Ich glaube, es ist besser, wenn sie jetzt geht.« Sie zog mich von Mick weg Richtung Ausgang. »Ich geb dir einen guten Tipp, Mädchen. Lass dich hier nicht mehr blicken.« Sie öffnete die Tür und schob mich hinaus. »Viel Glück!« Und rumms, fiel die schwere Eisentür krachend ins Schloss. Ich stand unschlüssig im Treppenhaus, während hinter der Tür lautstark gestritten wurde, auf Russisch oder so ähnlich. Ich wankte elend langsam die Stufen hinunter. Ein Mann mit Koteletten kam mir entgegen, nickte mir zu, als müsste ich ihn kennen, und ging an mir vorbei die Treppe hinauf. Er kam mir bekannt vor, aber ich wusste nicht woher. Wahrscheinlich gehörte er zu Dans Arschkriecher-Truppe. Ich verfluchte ihn still und trat auf die Straße. *Bing.* Mein Handy meldete eine Nachricht. Von Latte. *Um zehn am Lido. Lucky will was verkünden.* Gleich darauf wieder *Bing.* Von Mick. *Sorry Kim. Natasha ist sehr eifersüchtig. Sie hat was in den falschen Hals gekriegt. Ich melde mich, wenn Dan dich buchen möchte. Ciao.* Und zum dritten Mal *Bing.* Von Zac. *Wie sieht es aus mit dem Treffen?*

Ich fuhr zu Easy. Und nachdem ich mich den ganzen Nachmittag bei ihr von all dem Übel dieser meiner Welt abgelenkt und in ihre ergebenen treuen Augen geblickt hatte, die meine ungeprüften *Weisheiten* aufsogen und bedingungslos annahmen, fühlte ich mich etwas besser. Wir fuhren zusammen zum *Lido.* Latte war noch nicht da und es machte mir etwas aus. Er hatte immer so etwas Beruhigendes an sich. Und als Lucky dann verkündete, er habe ein Jobangebot in Köln und müsse sich bis zum nächsten Tag entscheiden, da fühlte ich mich plötzlich so einsam und verlassen, dass mir tatsächlich die Tränen kamen. Shit.

»Das packt er nicht«, sagte ich, »ohne uns, ohne alles hier. Wer hilft ihm, wenn er abstürzt? Wo soll er dann hin, hm?« *Mein* Neuanfang war eine Illusion gewesen. Neue Schule, neues Leben. Pah! So ein Scheiß. Als könnte ich mich selbst zurücklassen und als *gebündelter Elfenstaub* ohne Vergangenheit woanders ganz neu anfangen. Rein und unschuldig. Olaf nahm mich in den Arm und strich mir über den Rücken. Wo blieb nur Latte?

»Kim, beruhig dich, wir anderen sind ja noch da. Und wir können ja mal 'ne Tour machen und Lucky besuchen.« Ich schluchzte hemmungslos. Sie hatten alle keine Ahnung. Niemand wusste von dem Schattenmonster, das sich in meinem Leben eingenistet hatte und es genüsslich zersetzte.

Ich wollte zu Omimi, löste mich aus den Armen und stapfte durch den Sand in die Dunkelheit. Lucky rief mir etwas nach. Ich hörte nicht mehr hin. Bis Easy mich am Arm festhielt.

»Kim, es geht doch hier um Luckys Glück, oder?«

»Luckys Glück? Wie süß. Und für dieses Glück soll er über Leichen gehen?«

»Begehen wir jetzt einen Massensuizid oder was? Nur weil Lucky es wagt, aus der Clique *auszubrechen*?«

»Mensch, Easy, du kapierst es einfach nicht, oder?«

Wie sollte sie auch. Die Kim, die sie kannte, war eine *Erscheinung*. Sie war selbstbewusst und hatte alles im Griff. Ich war nichts von alledem. Ich war eine blutleere Hülle, ferngesteuert und zu allem bereit. Die Konsequenzen spielten keine Rolle mehr.

34

Ich brauchte ein neues Tinderdate, um mich abzulenken. Aber keinen Macker mehr wie Moses. Eher einen harmlosen netten Kerl mit schneller Maschine, am liebsten eine Kawasaki, wie Bo sie hatte. Keanu war perfekt, ein schüchterner Astrophysik-Student und Schuhfetischist. Das machte ihn angreifbar, denn ich wusste etwas über ihn, das seine Freunde und Kommilitonen nicht wussten. Und damit hatte ich ihn in der Hand. Das gab mir die Sicherheit, die ich nach der schockierenden Erfahrung mit Moses unbedingt brauchte. Wir trafen uns im Planetarium und sahen *Welten am Rande der Finsternis*. Während wir das Sternenzelt über uns betrachteten, wanderte sein Blick immer wieder an meinen Beinen hinunter zu den High Heels, die ich trug wie einen hypnotisierenden Duft. Es beruhigte mich ungemein, dass er mehr auf meine Schuhe stand als auf meine Titten. Mit meinen Füßen konnte er machen, was er wollte. Hauptsache seine Maschine durchstieß die Schallmauer. Während wir nach der Vorführung durch den Stadtpark liefen, erzählte er ununterbrochen von Gravitation, Plasma und Higgs Teilchen. Ich dachte derweil an Schluckauf und genoss, dass es einmal nicht um Sex ging. Und plötzlich stand *sie* vor uns. Eine Kawasaki Ninja ZX, eines der schnellsten Motorräder der Welt. 300 Stundenkilometer konnte sie rausholen. Wahnsinn.

»Ist das deine?« Ich berührte sie ehrfürchtig.

»War ein Geschenk zum Abi.«

»Hey, sind deine Eltern zufällig die Rockefellers?« Er lachte.

»Nicht ganz.«

Aber ich hatte mich zu früh gefreut. Keanu war so anständig, wie er aussah und hielt sich penibel an die Geschwindigkeitsbegrenzungen. Ich ruckelte hinter ihm nervös herum, wollte dem *Pferd* die Sporen geben. Aber Keanu ließ sich nicht beirren, hatte sein Ross gezähmt und tuckerte grausam gemütlich über die Straßen. Als wir vor unserem Haus ankamen, war ich völlig fertig. So musste sich ein Interruptus anfühlen, dachte ich.

»Wofür hast du eigentlich so ein schnelles Motorrad?«

»Damit ich könnte, wenn ich wollte.«

»Und wann willst du?«

»Bisher hat mir die Möglichkeit völlig gereicht.«

»Was für eine Verschwendung.« Ich hätte schreien können.

»Warum? Es beschert mir den Genuss, dass es noch eine Steigerung gibt, die ich mir aufhebe.«

»Für wann?«

»Das weiß ich noch nicht.«

»Wie wäre es mit einem Deal? Ich ziehe das nächste Mal 12cm-Lack-High-Heels an und dafür steigerst du die Geschwindigkeit um 300 Prozent.« Er sah beschämt zu Boden.

»Ich denk drüber nach.«

Und damit tuckerte er im Schneckentempo davon.

Ich traf ihn am nächsten Tag noch einmal in seiner Wohnung. Easy musste ich mitschleppen, weil sie komplett durch den Wind war und nicht wusste wohin. Sie würde am Abend Zac treffen, hatte Stress mit ihrer Mutter, mit Matteo, mit sich selbst. Da habe ich sie aufgelesen und notgedrungen mit zu

Keanu genommen. Während sie sich ewig im Bad einschloss, stotterte sich Keanu durchs Weltall, den Blick dabei auf meine High Heels gerichtet.

»Wusstest du, dass es so eine Art Vampirstern gibt, der die Materie benachbarter Sterne absaugt, um Masse anzuhäufen?«

»Nein.« Ich hatte ein Bein über das andere gelegt und ließ den einen Fuß in der Luft kreisen.

»Gibt es wirklich. Zum Beispiel einen *weißen Zwerg*, der den Sternenwind des Nachbarsterns einsaugt und sich irgendwann in einen Neuronenstern verwandelt.«

»Weißen Zwerg«, wiederholte ich. »Wie wäre es, du verwandelst dich in einen Sternenwind und fegst mit mir über die A7?«

»Mal sehen, heute soll es vielleicht nieseln.«

»Na und?«

»Die Straße wird nass.« Er blickte mich an, als würde er an meiner Intelligenz zweifeln.

»Und wenn die Straße nass ist ...?«

»Dann erhöht das die Rutschgefahr erheblich.«

»Du willst allen Ernstes nicht mit mir Motorrad fahren, weil es ein wenig nieseln *könnte*?«

»Genau.«

»Dann kann ich leider nicht mehr die High Heels anziehen, weil damit die Gefahr erheblich erhöht ist, dass ich umknicken und mir den Fuß brechen könnte. Sorry.« Ich zog mir die Schuhe von den Füßen und packte sie in meine Tasche. Keanu blickte ihnen verzweifelt nach.

»Aber Kim, das ist doch ...«

»Easy, du siehst toll aus.« Sie kam gerade aus dem Bad. Ich sprang auf sie zu, schnappte ihre Hand und zog sie Richtung

Ausgang. »Zac wird staunen.« Ich warf Keanu noch einen letzten Blick zu. »Du kannst mich später abholen, wenn du es dir überlegt hast.« Aber als wir auf dem Weg zum Lido waren, zog ich schon mein Handy heraus und löschte den Kontakt. Ich wurde das Gefühl nicht los, Keanu würde mir nur *Materie absaugen*, ohne dass ich je etwas zurückbekäme. Eine kometenhafte Spritztour war mit ihm nicht zu erwarten.

35

Lösch sofort mein Profil!

Das war alles, was Easy mir nach dem Date mit Zac schrieb. Sie hatten sich am Lido getroffen. War meine Idee gewesen. Die Queen Mary 2 sollte am Abend vorüberziehen und was gab es Romantischeres als den Elbstrand im Abendlicht. Ich hatte mich rechtzeitig verdrückt, damit sie ungestört sein konnten. Hätte ich mir umgekehrt jedenfalls gewünscht. Aber etwas musste fürchterlich schiefgelaufen sein. Vielleicht wegen des aufreizenden Tinderprofils, das ich ihr verpasst hatte. Niemand, der ernsthaft an Easy interessiert gewesen wäre, hätte darauf reagiert. Ich hatte ihre Lippen unnatürlich aufgeblasen und die Taille um ein Drittel verjüngt. Das sprach höchstens Kerle an, die ihrer Rammelliste einen weiteren Fick hinzufügen wollten. Shit. Ich hätte es ihr gleich sagen müssen, auch auf die Gefahr hin, dass sie mich zum Teufel jagt. Jetzt war es zu spät. Also sammelte ich, als letzten Rettungsversuch, all unsere BFF-Selfies in einem hübschen Album, fügte einen Dank hinzu und verpackte es in mein schönstes Geschenkpapier plus rosa Schleife. Ich wollte mich bei ihr entschuldigen. Nur deshalb ging ich überhaupt in die Schule. Aber die Vorzeichen standen nicht gut. Vor dem Klassenraum stieß ich auf Matteo, den rothaarigen Freund von Lenny, den ich Easy ausgeredet hatte. Seine Lockenmähne war ab und er sah mit der neuen Frisur so unverschämt gut aus, dass ich mich beherrschen musste, ihn nicht anzusprechen. Es war zum Heulen. Das Biest in mir hatte ganze Arbeit geleistet, um Easy und ihn auseinanderzubringen. Und jetzt schien er mir plötzlich die beste Wahl von allen. Ich kniff mir so fest in den Arm, dass es ein wenig blutete. *Du fühlst dich besser, wenn es Easy auch schlecht geht*, raunte das Biest. Ich bohrte die Fingernägel in meinen Arm. *Nein*, setzte ich kläglich dagegen. *Sie soll nur dich bewundern*, beharrte das Biest. Ich holte das Geschenk aus meiner Tasche und legte es entschieden auf Easys Platz. Das Biest verzog sich grummelnd. Easy stürmte ins Klassenzimmer und direkt auf mich zu. Sie sah schrecklich aus, hatte wieder ihre alten Schlabbersachen an und schien derart auf Krawall gebürstet, dass all das Zarte in mir, das überlebt hatte, sich schlagartig in Deckung brachte, den *Airbag* aufblies und den Stachel ausfuhr. Mein Herz hatte *Ausgangssperre*. Die Worte, die ich ausspie, kamen direkt aus meiner Hölle und explodierten aus meinem Mund wie Tausende kleiner Giftpfeile.

»Steht Zac auf *bad taste* oder was?«

»Ich glaube, Zac steht auf alles mit Titten«, keifte Easy zurück. Das war neu. Ich hatte sie noch nie so aggressiv erlebt. Ich zerrte mein Schminktäschchen hervor, brauchte irgendetwas, um wegsehen zu können, denn die Scheißangst kroch in die Pupillen und weitete sie verräterisch.

Ruckartig riss Easy mir den Spiegel aus der Hand und schmetterte ihn auf den Boden, wo er zersprang.

»Dein ach so braver Zaciboy wollte mir an die Wäsche, du miese Schlange.« Alle Gespräche verstummten, nur in meinem Herzen heulte etwas laut auf. Der Alarmknopf war gedrückt, noch schwerere Geschütze wurden aufgefahren und wir lieferten uns einen Schlagabtausch, in dem ich alles Gift verspritzte und alles Pulver verschoss, das ich aufzubieten hatte und aus dem ich trotzdem niemals als Sieger hervorgehen konnte.

»Sag nicht, du hast ihn abblitzen lassen? Jetzt war die ganze Arbeit umsonst.«

»Welche Arbeit?«

»Na, aus dir irgendwie eine sexy Bitch zu machen. Das war doch *die* Gelegenheit, es hinter dich zu bringen, das verdammte erste Mal.«

»Mein erstes Mal«, fauchte sie, »will ich bestimmt nicht mit so einem aufgepumpten Tarzan für Arme *hinter mich bringen*, der nur ein Senftöpfchen sucht, in das er sein Würstchen stecken kann.« Mir wurde übel. Ich dachte an Sami. Blind schlug ich um mich, haute Beleidigungen heraus und rannte meiner Würde hinterher, die mich schon lange verlassen hatte. Da sah ich Matteos Blick, der mich mit aller Verachtung strafte, zu der er fähig war, und es war ein Witz, dass ich ihn in meiner Rage als *Milchbubi* bezeichnete. Er hatte die ganze Zeit zu Easy gestanden. Er hatte versucht, sie aus meinen Fängen zu befreien. Er hatte nie aufgegeben, sie nie bedrängt. Und Easy hatte völlig recht, als sie zu ihrem finalen Schlag ausholte, auf den es nichts zu erwidern gab.

»Matteo steckt locker dein gesamtes Rammelsurium in die Tasche: Alif, Moses, Keanu und wie die Gestalten in deinem Gruselkabinett alle heißen. Das ist doch Resteficken.«

Der *Airbag* explodierte mit einem lauten Rumms. Nackt stand ich vor der Klasse, vollkommen ungeschützt, wund, aus allen Poren blutend und hässlich wie Devil, die zerrupfte Krähe. Einzig Abschaum hüllte mich ein und unter den Blicken aller zerrte ich das Fläschchen mit dem Desinfektionsmittel aus meiner Tasche und rieb mir die Hände ein. Niemand sagte etwas. Stumm sahen sie mich an und warteten auf die nächste Explosion.

Das Biest stand einfach auf und verließ den Raum. Das Geschenk nahm es wieder mit. Es weste ziellos die Straßen entlang, zupfte sich ein paar Hautfetzen ab, setzte sich auf eine Bank, suchte im Handy nach einem bestimmten Foto, Easy mit blanker Brust, besoffen und bekifft am Lagerfeuer, und stellte es in den Klassenchat. Das war sie, die nächste Explosion.

36

Womit das Biest nicht rechnete: Easy hatte die besten Freunde, die man sich vorstellen konnte. Alle hielten zu ihr, starteten eine Challenge und posteten selbst peinliche Bilder von sich, um Easys Ruf zu retten. Das Biest hatte sich inzwischen im Zimmer verschanzt und war entschlossen, nie wieder herauszukommen. Es hatte sich noch einmal geschminkt und einen Haufen Tabletten und eine Wodkaflasche bereitgestellt. Es war mutterseelenallein. Es hatte die halbe Flasche schon geleert, als es klingelte. Das Biest blickte aus dem Fenster und sah Matteo an der Tür stehen, Easys Prinzen und Beschützer. Es bleckte die fauligen Zähne, zog sich ein Negligé an und ließ die gute Seele ein.

»Was hast du dir dabei gedacht?« Matteo stürmte ins Zimmer und hielt kurz inne. Das Biest saß auf der Bettkante und setzte eine Trauermaske auf. »Hey, was ist mit dir?« Matteo kam heran. Da zog das Biest den Prinzen auf sein Bett und fotografierte ihn. »Bist du irre?«, schrie der Prinz und raffte sich auf. »Ich verlange von dir, dass du dich bei meinem Mädchen entschuldigst.« Da hob das Biest einfach sein Negligé in die Höhe.

»Willst du eine geile Schlampe ficken?«, lallte es. »Komm, wir machen Fotos. Leg dich da hin.« Es zog am Gürtel des Prinzen. »Ich bin ein ungeschliffener Diamant. Ich bin Jane und du mein Tarzan.« Das Biest lachte irr und schlang die

Arme um den Prinzen, der sie abwehrte, wie giftige Tentakeln. »Willst du meine Schnitzel anfassen?« Das Biest griff dem Prinzen in den Schritt. »Uhh, ahh, das macht die Bilder sinnlicher.«

»Du bist ja komplett durchgeknallt«, schrie der Prinz.

»Verärgere mich bloß nicht«, brummte das Biest, »ich habe die Macht, dir das Leben zu versauen.« Da ergriff der Prinz die Flucht, sprang auf sein weißes Pferd und ritt eilig davon. Das Biest blieb lachend auf dem Bett liegen, machte auch von sich ein Foto und stellte beide Bilder in den Klassenchat. Die Munition war verschossen. Das Biest schlief ein und vergaß, dass es die Tabletten nehmen wollte.

Als ich erwachte, war die Welt immer noch nicht untergegangen. Neben dem Bett lag die halbleere Wodkaflasche und das Geschenk für Easy. Im Kopf Rumpelstilzchenpolka. Das Handy blinkte. Hatte ich tatsächlich ...? Oh mein Gott. Ich rief den Klassenchat auf. Ja, ich hatte die Fotos tatsächlich gepostet. Matteo auf meinem Bett. Ich im Negligé. Shit. Und dann nichts mehr. Lenny hatte das Biest aus dem Klassenchat entfernt. Von dem *gebündelten Elfenstaub*, meinem neuen Leben, blieb nur ein Häufchen Asche.

Ich öffnete eine Nachricht von Mick.

Dan hat dich gebucht. Ein ähnliches Shooting wie das letzte. Ich hab für dich zugesagt. Diesmal werde ich dabei sein.

Ich kann nicht, schrieb ich zurück. Seine Antwort kam sofort und es war die schrecklichste Nachricht, die ich jemals bekommen hatte:

Du kannst. Und darunter ein Foto von meiner Scham, in der Dans Kralle steckte. Ich rannte ins Bad und übergab mich.

Mein Gott, ich war so bescheuert gewesen. Wie konnte ich nur auf dieses abgekartete Spiel hereinfallen? Nun hatten sie meine Fotos. Sie hatten meine Würde und alles, wovon ich jemals geträumt hatte, war nur noch ein widerlicher Haufen Scheiße. Es war nichts mehr geblieben von *Kim Galaxy*. Beschämt, beschmutzt, angewidert von mir selbst und zutiefst verletzt drückte ich alle Tabletten aus der Verpackung und steckte sie in meine Tasche. Dabei stieß ich auf das Geschenk für Easy. Ich riss das Papier auf und starrte das Album an, die Bilder von Easy und mir, die den Anschein einer Freundschaft erwecken sollten, forever. Und vornedrauf ein Selfie, das wir auf Bahngleisen geschossen hatten, kurz bevor ein ICE uns beinahe überrollte. Easy hatte mich in letzter Sekunde von den Gleisen gezerrt. Für sie war ich wahrhaftig ein Teufel gewesen. *Danke*, hatte ich unter das Bild geschrieben. Jetzt klang es höhnisch und bitter. Ich wollte ihr als letzten Akt in diesem verpfuschten Leben ein kleines Zeichen hinterlassen, einen Hauch Wiedergutmachung. Ich schlug die erste Seite des Fotoalbums auf, das Bild von Easy und mir am Lagerfeuer vor einem unglaublichen Vollmond. Und mitten in die helle Fläche des Mondes schrieb ich folgende Zeilen:

Ich habe dir sehr wehgetan.
Es tut mir leid.
Bleib wie du bist,
denn du bist ein Engel.
Kim Galaxy

»Tinkilein.« Mum klopfte. »Da hat ein Matteo angerufen. Kennst du den?«

Ich sprang sofort auf und öffnete die Tür.

»Ja, ist ein Typ aus meiner Klasse. Was wollte er?« Mum kam herein und setzte sich auf mein Bett.

»Er hat was von Fotos gesagt und von Entwürdigung.« In ihrem Gesicht braute sich etwas zusammen. Gleich würde sie Vorwürfe abfeuern. Die Falte zwischen ihren Augenbrauen war schon so tief wie ihre mahnende Stimme. Ich musste schnell handeln.

»Dieser miese Kerl«, jammerte ich, »war gestern hier und wollte sich auf mich stürzen. Hat einfach Fotos von mir gemacht.« Die Falte verschwand. Mum hatte sofort die Seite gewechselt, war nun ganz bei mir.

»Was für Fotos?«

»In Unterwäsche. Er will sie veröffentlichen, wenn ich nicht ...« Ich weinte. Mum legte zärtlich einen Arm um mich.

»Das ist ja schrecklich. Mein armes Mädchen.« Sie strich mir über das Haar, drückte meine Hände, hüllte mich ein in liebevolle Zärtlichkeit. Ich dachte an Dans Foto, kämpfte gegen die Übelkeit an und schluchzte. Wie einfach war es, Matteo als Ventil zu benutzen, um diese Ungeheuerlichkeiten preiszugeben, aber wie unmöglich, die Wahrheit zu sagen, für die ich mich so sehr schämte. »Wir müssen ihn anzeigen«, sagte Mum. »Damit kommt er nicht durch.«

»Nein. Der macht mir doch in der Schule das Leben zur Hölle. Auf keinen Fall. Dann wird es wieder so wie in der IGS und alle reden über mich.«

»Kathinka, was er gemacht hat ist kriminell. Willst du das einfach so hinnehmen? Der belästigt dich doch weiterhin. Nein. Wir müssen die Polizei verständigen.« Sie drückte mich an sich. »Keine Sorge, dein Vater macht das schon.« Sie stand auf. Ich zerrte an ihrer Hand.

»Nein, bitte nicht.«

»Wir müssen dafür sorgen, dass er von der Schule fliegt. Wer weiß, vielleicht macht er das nächste Mal ernst.«

»Aber ... er hat ... er ist ... bitte Mum. Ich regle das alleine.« Sie stürmte schon aus dem Zimmer.

»Du gehst natürlich heute nicht zur Schule«, rief sie noch aus dem Flur. »Wer weiß, wozu der Kerl noch fähig ist.«

Warum glaubte sie mir ausgerechnet jetzt? Natürlich ging ich nicht in die Schule, würde ich nie wieder tun. Schlimmer konnte es nicht kommen. Also wartete ich noch den Nachmittag ab, zog mir mein schwärzestes Teufelszeug an, setzte meine schwärzeste Teufelsmaske auf und machte mich auf den Weg zu Easy. Der Plan war, mir unter einem Vorwand Zutritt zu verschaffen, das Album in Easys Zimmer abzulegen und dann für immer zu verschwinden. Ich wollte sichergehen, dass es auf jeden Fall bei ihr ankam. Aber die Sache ging schiefer als schief. Die Feindseligkeit, die mir entgegenschlug, als Easy die Tür öffnete, blähte unvermeidlich meinen Airbag auf und ich drang keinen Millimeter in die Festung vor, die sie mit ihrer Mutter belagerte. Einen kurzen Moment lang überlegte ich, ob ich das Album einfach auf der Schwelle ablegen sollte. Aber dann beschloss ich, es lieber mit ins Grab zu nehmen.

37

Auf Omimis Grab standen frische Blumen. Ein duftender Strauß roter Rosen. Dad musste dagewesen sein. Ich setzte mich auf den Stein, nahm eine der Rosen heraus und zog den dornigen Stil langsam über meinen Arm, bis aus drei langen Striemen Blut sickerte. Ich blickte eine Ewigkeit auf die roten Tropfen. Vollkommen und wunderschön formten sie ihre Bäuchlein und kullerten frei die Armbeuge entlang, vermischten sich mit salzigen Tränen zu hellroten Bächlein. *Isabelle* stand auf dem Grabstein, mehr nicht. Omimi hatte es so gewollt. Kein Datum. *Meine Seele stirbt ja nicht*, hatte sie immer gesagt, wenn ich Angst vor ihrem Tod hatte. Ich machte ein Foto von dem Grabstein und schickte es Easy, Jenny, Latte und Theo. Ich wusste selbst nicht so genau, ob ich mich verabschieden oder gerettet werden wollte. Meine Gedanken flossen schon träge, als ich die Tabletten aus meiner Tasche pickte und alle auf einmal in den Mund steckte. Ich spülte sie mit Wodka herunter und legte mich auf das kalte Efeubett. Mein Handy klingelte. Jenny. Ich ging nicht dran. Es klingelte wieder. Latte. Dann kam eine Nachricht von ihm.

Hey, Kimi, was soll das? Ist was passiert? Wer ist Isabelle? Ruf mich bitte an. Ich lächelte. Am Himmel über mir formte eine Wolke einen Teddybär. Eine Amsel setzte sich auf einen Ast und sang eine wunderschöne Melodie. Irgendwo antwortete ihr wer. Meinen Platz in der Welt hatte ich nicht gefunden. Warum war ich keine Amsel? Fühlten Amseln sich frei? Waren sie glücklich? Konnte ihnen irgendetwas ihre Unschuld nehmen? Ich war müde, furchtbar müde, wollte nie wieder die Zähne zusammenbeißen. *Wer nicht alles geben kann, geht unter*, hatte Sonni gesagt. Ich tippte mühsam eine letzte Nachricht in mein Handy. *Nein Sonni, du hast dich geirrt. Wenn man alles gegeben hat, geht man unter. Denn was hat man dann noch übrig?* Ich warf das Handy ins Gebüsch und schloss die Augen.

Gleißend helles Licht. Wehende weiße Vorhänge. Grässliche Schmerzen im Magen. Shit. Der Himmel war das nicht. Ich blickte mich um und hatte ein Déjà-vu. In der Ecke saß Jenny, mit der riesigen Lederjacke und ihren schweren Lackschuhen. Hing ich in einer Zeitschleife? Musste ich dasselbe immer und immer wieder von Neuem durchleben? Aber Jenny hatte schwarze Haare. Das war anders.

»Hi«, sagte sie zart.
»Hi.«
»Ist das dein Hobby?«
»Was?«
»Sterben.«
»Ich lebe doch.«
»Mein Handy war den ganzen Tag aus. Ich hab's nur kurz angemacht, weil ein Vogel auf meinem Fensterbrett saß und mich angeguckt hat.«
»Ein Vogel?«
»Ja, eine Amsel. War irgendwie komisch.«
»Du hast dein Handy wegen einer Amsel angemacht?«
Sie zog die Schultern hoch.

»Ja.«

Mein Magen krampfte sich schmerzhaft zusammen. Hinter mir piepte irgendein Gerät. An meinem Handgelenk klebte wieder ein großes Pflaster, unter dem ein dünner Schlauch verschwand.

»Ich sag dir jetzt mal was.« Jenny stellte sich vor mein Bett. »Du hast mich zwar immer scheiße behandelt, aber *ein* Selbstmord reicht mir für dieses Leben, okay?« Ihre Stimme schwoll an, wie ich es noch nie erlebt hatte. »Wenn du Scheiße erlebt hast, dann schrei sie in die Welt hinaus. Wenn du sie drinnen behältst, dann verstopft die braune Brühe dein ganzes verkacktes Leben und du wirst dein eigener Nazi, verstehst du?« Tränen liefen ihr über die Wangen. »Du musst dir keine Opfer-Biografie andichten, damit die Welt dich wahrnimmt. Du musst einfach nur du selbst sein, dich so annehmen, wie du bist.«

»So wie du oder was?«, spottete ich.

Jenny sah mich lange stumm an. Dann zog sie langsam die Ärmel der Lederjacke hoch und zeigte mir ihre Handgelenke, die wund und zerschnitten waren wie rohes Fleisch. Und da verstand ich, dass sie das alles genau so zu sich selbst gesagt hatte. Sie war auch eine Überlebende; eine, die mit dem Leben rang; ein gefallener Engel. Wie ich.

38

Es kam natürlich alles heraus. Matteo hatte viele Zeugen und ich die Fotos selbst gepostet. Die perfekte Vorlage für meine Mum, mir endlich eine Therapie aufzuzwingen, die ihrer Tochter den *bösen Geist* austreiben sollte, denn anders wusste sie sich nicht zu erklären, wie ich mir solche Ungeheuerlichkeiten ausdenken konnte. Sie fing auch wieder mit Onkel Freddy an, um deutlich zu machen, dass ich schon als kleines Mädchen Lügengeschichten erfunden hätte. Sie jammerte herum, fragte alle, was sie denn falsch gemacht habe, und ließ sich trösten. Es war wirklich zum Verrücktwerden. Dad war ihr Schatten, sagte kaum etwas, wich nicht von ihrer Seite und gab mir mit seinen Blicken zu verstehen, dass ich das alles zu verantworten hatte. Wenigstens nannte er mich nicht mehr *Prinzessin*.

Die Therapeutin war zum Glück eitel genug, um auf meine Masche hereinzufallen. Wenn ich ihr dankte und geschickt Erklärungen für meine Mängel erfand, lobte sie meine Bereitschaft und zeigte sich sehr zufrieden über die Fortschritte. Ich schaffte es, etwas zuzunehmen. Auch das entlockte ihr Lobeshymnen. Es war so verdammt einfach.

Theo und Donna kamen zum großartig inszenierten Abendessen bei Kerzenschein, sahen mich die meiste Zeit schweigend an, wie eine Totgeweihte, die sie nicht verstanden und nicht retten konnten, und ließen ab und zu vorsichtig ein paar Worte fallen wie Blütenblätter. *Das wird schon*, sagte Theo. Und *Wenn du was brauchst ...* Donna wirkte abwesend, hatte die Haare streng zu einem Dutt aufgedreht, was ihr Gesicht noch schmaler erscheinen ließ, und warf mit zarter Elfenzunge einzelne Wortblüten in den Äther. *Yoga*, hauchte sie, *Natur* und *Stille*. Damit sollte ich es schaffen, die schrecklichen Erlebnisse aus meinem Leben zu vertreiben?

Ich beschloss, niemals wieder über das Unaussprechliche zu reden, das mir angetan worden war. Aber dann klingelte mein Handy.

»Kim? Hier ist Tilda. Bitte leg nicht auf.«

»Tilda?«

»Ich hab dich schon mal angerufen. Es geht um Micks *Pussy-Liste*.« Ich wollte sie wegdrücken, aber etwas Flehendes in ihrer Stimme ließ mich zögern. »Bitte, wir brauchen dich.«

»Wer?«

»Jella, Nana und ich. Wir stehen auch auf der Liste.«

»Was für eine Liste?«

»Mick hat sie angelegt. Mehr als 20 Mädchen, die er in Kaufhäusern vor angeblichen Verbrechern gerettet und ihnen dann eine Modelkarriere versprochen hat.« Ich hörte mich laut atmen. »Bist du noch dran?«

»Ja.«

»Er hat uns auch alle zu Dan geschickt. Dan Bradley.« Ich würgte. »Bist du okay?«

»Ja.«

»Sie haben uns alle erpresst. Es gibt viele schreckliche Fotos. Von dir auch?«

»Ja.«

»Wir haben alle Mädchen angerufen. Die meisten schämen

sich und legen gleich auf. Wir schämen uns auch. Aber wir wollen unser Leben wiederhaben.« Tilda klang stark und kämpferisch. »Wir wollen diese Verbrecher drankriegen. Alleine ist das nicht zu schaffen.«

»Aber ich ... Ich kann nicht.« Tilda schwieg eine Weile. In meinem Hirn ratterten die Bilder vorüber wie in einer viel zu schnellen Diaschau. Dans schreckliche Fotos, die Schnitzel, Sami, Vivi, Onkel Freddy, Mick, Matteo, Easy, Jenny, bis die Bilderflut verebbte und ein einziges Bild meine Gedanken ausfüllte: das haarige Schattenmonster, das seine schreckliche Fratze verzog und mich auslachte, weil es wusste, dass es mich in der Pranke hatte und ich niemals aufbegehren würde. Und das machte mich plötzlich so wütend, dass ich zu meiner eigenen Überraschung etwas sagte, das ich sofort bereute.

»Okay, ich bin dabei.« Tilda jubelte und schluchzte, als hätte sie einen Preis gewonnen, während ich, erschrocken über meine Worte, keinen Ton mehr herausbekam.

»Kim, ich bin so stolz auf dich. Das ist großartig. Wir treffen uns Donnerstag, bei mir. Jella und Nana kommen auch. Dann besprechen wir, wie es weitergeht. Ich schick dir gleich die Adresse. Du kommst doch bestimmt?« Ich schwieg. »Kim?«

»Mm.«

»Weißt du, Kim, es tut gut, nicht alleine zu sein.« Sie legte auf.

Zu meiner Überraschung fühlte ich mich zum ersten Mal seit jenem Tag, als Vivi ging und meine Freude mitgenommen hatte, wieder lebendig. Die paar Motorradfahrten vielleicht ausgenommen. Aber das war etwas anderes gewesen, ein inszeniertes Ablenkungsmanöver, das mich in die Vergangenheit katapultiert hatte, in eine Zeit, als Bo noch mein Held gewesen war. Das mit Tilda fand nicht in meinen Vorstellungen statt, sondern war ganz real im Hier und Jetzt. Es kribbelte in mir drin wie nach zu langem Liegen im Schnee, wenn man wieder ins Warme kommt und die Glieder langsam auftauen. Es kribbelte und tat auch weh. Aber der Schmerz war ein guter Schmerz, einer, den man brauchte für Veränderungen, wie die Wehen vor einer Geburt.

Ich zog mein Handy aus der Tasche, öffnete die Kontakte, drückte auf Mick und tippte entschlossen, aber mit feuchten Fingern eine Nachricht: *Ich kann nicht zu dem Shooting kommen. Kim.*

39

Tilda wohnte auf St. Pauli, mitten im Karoviertel. Ich mochte die Gegend. Sie war alles, was meine Eltern nicht mochten: ungepflegt, kreativ, provokativ. *Planet Earth first* prangte auf einer Greenpeace-Fahne an der Wohnungstür. Daneben mit Edding geschrieben: »*Social Media ist die Toilette des Internets.*« *Lady Gaga.* Auf dem Klingelschild standen drei Namen: *Greenaway*, *Zodiac* und *Müller*.

Die Tür ging auf und Tilda strahlte mich an. Sie war dunkelhäutig, hatte Rastalocken, Sommersprossen und ein Piercing in einem Nasenflügel.

»Kim. Toll.« Sie zog mich in die Wohnung und in ein Zimmer, in dem zwei weitere Mädchen saßen.

»Hi«, sagte ich.

»Hi. Ich bin Jella. Cool, dass du gekommen bist.« Jella war ein zartes Emo-Mädchen mit schwarzen Haaren, schwarzer Hose und schwarzem Rollkragenpullover. Dabei hatten wir immer noch Sommer. Auch ihre Augen waren schwarz geschminkt.

»Nana«, sagte die Dritte und hob kämpferisch eine Faust in die Höhe. »Danke für deinen Mut.« Sie hatte eine gewaltige Oberweite und ich musste sofort an die Schnitzel denken und daran, dass Nana sie bestimmt nicht tragen musste. Ihre Haare waren ganz kurz und blondiert. Sie hatte riesige goldene Ohrringe und einen sinnlich geschwungenen Mund. Tilda schob mir einen Stuhl hin und ließ sich auf einen Sitzsack fallen.

»Cool, jetzt sind wir schon ein Quartett.« Ich blickte Tilda an, die so gar nichts von einem Model hatte. Sie trug einen besprühten schwarzen Hoodie mit Kapuze, schwere Stiefel und sah aus, als wäre sie beim G20-Gipfel im schwarzen Block mitmarschiert. Als sie meinen Blick bemerkte, lachte sie. »Ich weiß, was du denkst. Wie kam Mick darauf, *mich* auszusuchen? Ich sag's dir. Noch vor einem Jahr *war* ich *Prinzessin Lillifee* und ich wollte nichts sehnlicher als ein Pony und runde Möpse. Jaha, das passt zusammen. Ich war Papas Liebling und ich wollte gleichzeitig mehr, von der Welt gesehen und bewundert werden.« Es klang, als würde sie von mir sprechen. »Da hat Mick einen Strich durch meine Rechnung gemacht. Und das war das einzig Gute an dieser dreckigen Scheiße, dass ich wachgerüttelt wurde. Damals sah ich wie ein Schwan aus, fühlte mich aber wie ein hässliches Entlein. Heute sehe ich vielleicht wie ein Emo-Entlein aus, fühle mich aber als Schwan. Als ich nicht mehr mitmachen wollte, hat Mick tatsächlich eins von diesen widerlichen Fotos von Dan in unseren Schulverteiler eingespeist. Keine Ahnung, wie er das gemacht hat. Tja. Den Rest kannst du dir denken. Jetzt hab ich einen Künstlernamen: *Tilda Greenaway*. Klingt auch cooler als Tanja Müller, oder? War die Idee meiner Therapeutin. Und die Ärsche von meiner alten Schule finden mich nicht mehr.« Sie schenkte mir einen Tee ein. »Ich bin durch die Hölle gegangen, wie ihr. Meine Eltern haben mich zum Glück unterstützt. Ich habe Anzeige erstattet. Aber es gab keine Beweise. Sie haben alle vernichtet. Also beschloss ich, es auf eigene Faust zu versuchen. Ich hab Micks Assistentin aufgelauert, ihr die Schlüssel geklaut, mich ins Studio geschlichen, als Mick ein Shooting hatte, und sein Handy auf dem Schreibtisch gefunden. Weißt du, wie sein Sperrcode lautet: viermal die 6.« Sie lachte und ihre Rastalocken hüpften um ihren Kopf. »Es war so leicht. Und so hab ich die *Pussy-Liste* entdeckt, mit 23 Kontakten.« Sie klopfte auf ein Büchlein, das auf dem Tisch lag. »Ich frag mich, ob die Polizei überhaupt etwas finden wollte. Leider legen die meisten panisch auf, wenn ich mich melde. Aber Nana und Jella nicht. Und du.« Sie hatte Grübchen, als sie lächelte. Ich war vollkommen fasziniert von ihr. Wo nahm sie nur all die Kraft her und die Freude, die sie ausstrahlte? Mir war schon wieder ganz schlecht geworden, als sie von Dans Bildern gesprochen hatte, die an ihrer Schule herumgeisterten. Würde Mick meine Bilder auch …?

»Ja, sie hat uns mitgerissen«, sagte Nana. »Sie ist ein Feuer speiender Vulkan und ihre Worte sind flüssige Lava.« Tilda sprang auf und gab Nana einen Kuss auf die Wange.

»Danke. Du bist auch toll.« Sie ließ sich auf das Sofa plumpsen. »Erzähl Kim bitte, wie *du* an Mick geraten bist.« Nana drückte den Rücken durch und wackelte mit ihren Brüsten. Tilda und Jella lachten.

»Also das war so. Mein Vater ist Modefotograf. Ich sag mal, einer von den okayen. Ich war als Kind häufig bei den Shootings dabei, weil meine Mutter Visagistin ist und viel mit ihm gearbeitet hat. Ich saß in einer Ecke und jemand gab mir Malsachen oder Playmobil. Und dann wurde ich vergessen und es ging nur noch um die Models, die übrigens nie blöd angefasst wurden. Ich hab sie so bewundert. Sie standen wunderschön im Scheinwerferlicht und bekamen die volle Aufmerksamkeit. Das wollte ich auch haben. Aber mein Vater weigerte sich, mich zu unterstützen. Ich sei viel begabter im Schreiben und solle doch Journalistin werden. Außerdem seien die Topmodels leider immer flach wie Flundern, dürr und sehr groß. Ich war das genaue Gegenteil. Es gab einen Riesenstreit, auch weil ich plötzlich hungerte und trainierte wie eine Bekloppte. Ich war so wütend und besessen davon, ihm zu beweisen, dass ich es schaffen würde. Der Erste, der dann endlich meine Begabung zu erkennen schien und begeistert von mir war ...«

»...war Mick.« Ich kannte das Gefühl sehr gut.

»Genau. Wie es weiterging, kannst du dir ja vorstellen. Mein Vater hat zwar recht gehabt, aber es wäre besser gewesen, er hätte mir den Wunsch erfüllt und Fotos für eine Mappe mit mir gemacht. Keine Agentur hätte mich aufgenommen, mit den Dingern hier.« Sie wackelte wieder mit ihren Brüsten, »Aber das wäre sicherlich lehrreicher gewesen als sein starres Nein, gegen das ich einfach rebellieren musste. Zum Glück hat Tilda irgendwann angerufen, sonst wäre ich wahrscheinlich schon in drittklassigen Pornoheftchen zu sehen.« Sie sank wieder in sich zusammen.

»Und wie kommst *du* klar?« Tilda reichte mir die Tasse, auf der *Not your Girl* stand, mit Edding geschrieben.

»Geht so«, sagte ich leise.

»Hast du jemanden zum reden?«

»Nein.« Ich wurde unendlich traurig. Es war so bitter, das zuzugeben. Aber Tilda legte eine Hand auf meinen Arm und streichelte über meine Narben.

»Jetzt hast du uns«, sagte sie entschieden.

»Was hast du bisher unternommen?«

»Nichts.«

»Du hast Mick noch keine Scheiße vor die Tür gelegt, ihm

keine Hassmails geschrieben, ihm nicht aufgelauert, Dan nicht im Netz denunziert, keinen der beiden angezeigt, ...?«

»Nein. Ich habe ihm gerade geschrieben, dass ich nicht mehr kommen werde.« Tilda stahlte.

»Perfekt. Du bist die, die wir brauchen.«

»Ich? Warum?« Mir wurde heiß.

»Also. Du sagst Mick so schnell wie möglich, bevor er Fotos von dir verbreitet, dass du es dir überlegt hast und lieber Glamourmodel wirst als gar keins und dass du zu ihm kommen möchtest, um alles zu besprechen.«

»Was?« Ich sprang auf und verschüttete den Rest Tee. Tilda nahm meine Hände und zog mich sanft auf den Stuhl.

»Beruhig dich. Natürlich ist das nur ein Vorwand. Wir drei haben ihn schon zum Teufel gejagt. Uns würde er das nicht glauben. Aber dir. Du bist unser Lockvogel, verstehst du. Du redest mit ihm über seine Pläne, die Shootings etc. und nimmst alles auf, mit deinem Handy. Vielleicht verrät er sich dann.« Meine Hände zitterten. »Ich weiß, dass es ein großes Opfer ist. Aber du tust es für dich. Und für uns alle. Für alle Mädchen auf der *Pussy-Liste*. Nein, für alle Mädchen, die missbraucht wurden.« *Missbraucht?* Das Wort hallte in mir nach und füllte mich hundertfach aus, echote in alle Winkel meiner Seele und rüttelte an ihr wie ein Erdbeben.

»Und dann?«, hauchte ich. Tilda klopfte einen Trommelwirbel auf den Tisch.

»Tadaaaa. Jetzt kommt der Knaller. Es gibt einen Tag X, an dem alle Parameter perfekt sind für den großen Knall. Am 3. Juli gibt es im NDR eine Life-Talkshow zum Thema *Modefotografie*. Und jetzt rate mal, wer eingeladen ist?«

»Mick?«

»Jaha. Und nicht nur der. Sondern auch sein genialer Kollege Dan Bradley.« Ich würgte. Und mir fiel auf, dass auch Nana und Jella schwer schluckten. Tilda schwenkte vier Papierstreifen durch die Luft. »Und nun ratet mal, wer im Zuschauerraum sitzen wird?«

»Nein.« Ich bekam keine Luft mehr und japste.

»Doch.« Mir ging das alles viel zu schnell. Eben noch hatte ich beschlossen, die schrecklichen Ereignisse völlig aus meinen Erinnerungen zu streichen, mich selbst auszulöschen, für immer. Und nun saß ich hier mit drei Überlebenden, die mich brutal in die Realität zurückzerrten, direkt auf den Präsentierteller der Schänder und vor die Augen der ganzen Welt. Und ich hatte plötzlich ein Wort für das Ungeheuerliche, ein Wort, dass wie ein Betonklotz an meinem Bein hing und mich in die Tiefe ziehen würde, wenn ich sprang. Obwohl ich feststellte, dass das immer noch besser war, als von namenloser Säure zerfressen zu werden, ohne dass irgendjemand es wahrnahm. Unweigerlich kniff ich mir ins Handgelenk.

»Bist du okay?« Nana sah mich besorgt an. Ich nickte, war es gewohnt, so zu tun als ob. »Tilda, es ist zu viel. Du überforderst sie völlig.« Nana nahm meine kalte Hand in die ihre, griff mit der anderen nach einem Kugelschreiber, der auf dem Tisch lag und zeichnete ein Herz auf mein geschundenes Handgelenk.

»Ich weiß«, sagte Tilda. »Tut mir leid. Aber wir haben nicht mehr viel Zeit. Die Sendung ist schon nächste Woche. Es ist unsere große Chance. Denk drüber nach, ja? Aber denk schnell.«

40

Ich war völlig fertig, als ich unser Haus erreichte, bereute einerseits, dass ich nicht einfach aufgelegt hatte, als Tilda anrief. Andererseits fühlte ich mich plötzlich wieder, spürte das Leben in meinem knöchernen Körper pulsieren und war nicht mehr allein mit dem Unaussprechlichen. Verrückt war, dass es mir seitdem besser ging. Ich war keine unprofessionelle verklemmte Zicke, sondern einfach nur wie besessen gewesen von meinem Modeltraum, als ich Mick vertraute und vernebelt von all den *Mantren*, die ich mir vorgebetet hatte. Und die Drei hatten das Gleiche erlebt wie ich. Jede war durch ihre eigene Hölle gewandert oder steckte noch immer darin. Gerne wäre ich so mutig wie Tilda gewesen, die sich nicht unterkriegen ließ, sondern dafür kämpfte, ein gutes Leben zu führen, ein gerechtes Leben. War ich aber nicht. Ich hatte eine Scheißangst. Alle würden es erfahren. Und wie würden *meine* Eltern reagieren? Matteo hatten sie sofort angezeigt, ausgerechnet den *guten Prinzen*. Wie sollten sie mir jemals wieder glauben? Mein Handy klingelte. Latte.

»Hi.«

»Kimi? Verdammt. Jenny hat mir gerade erst Bescheid gesagt. Wo bist du? Geht es einigermaßen?« Es war schön, seine Stimme zu hören, so vertraut.

»Ich bin zu Hause. Wie es mir geht, weiß ich grad selbst nicht so genau. Und dir?«

»Bitte komm das nächste Mal zu mir, wenn es dir schlecht geht, ja? Du kannst dann ja immer noch zum Friedhof.« Ich musste lachen.

»Okay.«

»Kommst du heute an den Lido?«

»Ich glaub nicht. Brauch gerade ein bisschen Zeit zum Verdauen.«

»Apropos *Verdauen*, wie wär's, ich koche am Samstag für uns. Wir können auch noch eine Spritztour dranhängen. Ich hab den Führerschein wieder.«

»Cool, aber es geht gerade nicht. Nach dem 3. Juli, okay?«

»3. Juli? Hast du da Geburtstag?«

»Nein ... Doch. So was Ähnliches. Neugeburt könnte passen.«

»Du machst es ja spannend. Erfahre ich auch, worum es geht?«

»Am 3. Juli um 21 Uhr. Da erfährst du es.«

»Aber essen musst du ja trotzdem.« Er flötete die Einladung wie ein Vögelchen und da sagte ich doch noch zu. Bei Latte konnte ich vielleicht ein bisschen entspannen, bevor ... ja, ich hatte mich entschieden. Ich würde Säcke voll Mut brauchen und wusste noch nicht, wo ich die herbekommen sollte.

»Kim?« Mum klopfte an die Tür.

»Ist offen.« Sie kam herein und setzte sich neben mich aufs Bett. »So hast du mich noch nie genannt.«

»Ja, ich wollte es mal ausprobieren. Deine Lehrer scheinen dich ja alle so zu nennen. Und da du bald 16 wirst ...«

»Wie findest du das denn?«

»Toll.«

»Wirklich? Du kannst mir dann nicht mehr so viel vorschreiben. Zum Beispiel, ob ich mich bei *Perfect Girl* anmelde oder nicht.«

»Ja, das ist bitter.« Sie lächelte. »Hauptsache, wir können miteinander reden.« Was war das denn jetzt? Ich suchte in ihrem Blick nach Ironie. »Deine Therapeutin hat recht. Ich mach mir viel zu viele Sorgen um dich. Also, wenn du darüber reden willst.« Sie sah mich erwartungsvoll an.

»Worüber?«

»Über die verrückten Geschichten, die du dir ausdenkst?« Ich sprang auf und zeigte zur Tür.

»*Meine Therapeutin* hätte dir auch sagen sollen, dass du immer die falschen Fragen stellst. Vielleicht denke ich mir ja so *verrückte Geschichten* aus, weil ich zwanghaft bin, manisch, psychopathisch, zombiastisch, phantomastisch, einfach grundgestört.« Ich scheuchte sie aus der Tür und schloss ab. Dann schrieb ich Tilda.

»Okay, ich mach's.«

Meine Knie schlotterten regelrecht, als ich an Micks Tür klingelte. Tilda, Jella und Nana standen ein Stockwerk tiefer im Treppenhaus. Es war gut zu wissen, dass sie auf mich warteten. In meiner geöffneten Tasche steckte mein Handy. Die Aufnahme lief. Mick öffnete. Die Show konnte beginnen.

»Hey, Kim. Toll, dass du es dir noch einmal überlegt hast.« Er lächelte, als ob er mir niemals dieses Horrorfoto geschickt hätte. »Komm rein.«

»Hi.« Ich steuerte sofort auf das Sofa zu, bevor ich auf der Stelle in Ohnmacht fallen würde.

»Ich hab leider nicht lang Zeit. Ein Shooting.« Er drehte wieder eine Schleife und schloss die Tür zum Fotostudio.

»Aber für dich lasse ich natürlich gerne alle warten. Also, du hast es dir überlegt.«

»Ja, lieber Glamourmodel als gar kein Model.« Das kam mir etwas holprig über die Lippen. Aber Mick schien begeistert.

»Gute Entscheidung, Kim. Für die Laufstege fehlt dir auch ehrlich gesagt das gewisse Etwas.« Er sagte es wie ein Kompliment und lächelte mich an.

»Was denn?« Ich bemühte mich, freundlich zu klingen.

»Du hast zwar die nötige Sexiness, aber es fehlt dir an Personality. Außerdem ist dein Kiefer zu kantig und die Oberschenkel ... heieiei. Das sind ganz schöne Stampfer.« Er tätschelte mir die Beine und ich unterdrückte einen Brechreiz.

»Für welche Bilder tauge ich denn?«, fragte ich nach Plan weiter.

»Na ja, das, was du bei Dan gemacht hast war schon klasse.«

»Also eher so Pornobilder?« Meine Kehle wurde eng wie durch einen Würgegriff. Mick sah mich überrascht an.

»Hey, das klingt ein bisschen vulgär. Sagen wir lieber ästhetische Aktfotografie.«

»Wo ist denn da der Unterschied?«, fragte ich so naiv wie möglich. Mick strich sich durch die gegelten Haare und lachte.

»Es klingt besser.«

»Also, ich würde es gerne genau wissen. Dann kann ich mich darauf einstellen. Das letzte Mal war ich nicht vorbereitet, untenrum nicht gut rasiert und so.« Mein Herzklopfen füllte mich vollkommen aus, aber ich spürte auch etwas Neues, eine aufregende Freude am Spiel.

»Gut, wenn du willst.« Mick räusperte sich. »Alles immer rasieren, ganz einfach. Es könnte auch mal ein Kerl dazukommen, der dich anfasst.« Er senkte die Stimme. »Und wenn du richtig Kohle haben willst, dann lässt du ihn mal ran.« Da wurde mir kotzübel, und ich war kurz davor, hinauszurennen. Aber ich konzentrierte mich einen Atemzug lang auf das Herz, das Nana mir auf den Arm gezeichnet hatte und dann ging es wieder.

»Ich denk drüber nach.«

»Gut, gut. Ach, Kim. Du könntest mal was mit deinen Titten machen lassen. Die sind ein bisschen zu klein, also für *dieses* Business.« Er hob beide Hände, als würde er schwere Gewichte abmessen. Was für ein Arschloch!

»Und was ist mit meinem Alter? Ich bin ja noch minderjährig.«

»Heyhey.« Mick senkte die Stimme. »Wenn es nach mir geht, muss keiner was erfahren. Bleibt unter uns, okay?« Er blickte zur geschlossenen Studiotür.

»Ja, gut. Aber ich bin hoffentlich nicht die Erste, mit der ihr so arbeitet. Also, es soll schon professionell sein.« Mick wurde ärgerlich.

»Sag mal, was denkst du von uns. Wir *sind* Profis. Es ist ein Jammer, dass die Bilder nicht in Magazine kommen. Also echt, Mädchen. Es gibt viele Girls wie dich, die uns die Bude einrennen. Eine ist sogar erst 13 und heiß wie ein Lötkolben.« Er kam richtig in Fahrt und ich betete, dass die Aufzeichnung noch lief.

»Warum denn nicht in Magazine?« Ich setzte eine enttäuschte Miene auf und machte Kulleraugen.

»Hör mal, du fragst ein bisschen viel.« Mick sah unruhig zwischen mir und der Studiotür hin und her. »Ich muss langsam mal wieder rein.«

»Bekomme ich denn keinen Vertrag?« Mick sah mich entgeistert an.

»Wie bitte?«

»Einen Vertrag«, wiederholte ich. Und langsam begann mir das Ganze richtig Spaß zu machen. Ich zitterte auch gar nicht mehr, wusste, dass die Mädels hinter der nur angelehnten Tür horchten und gleich die Hände einschlagen würden.

»Natürlich bekommst du *keinen* Vertrag. Da machen wir uns doch strafbar.« Und diese Antwort fand ich so genial, dass ich am liebsten laut gelacht hätte.

»Ach so«, sagte ich dämlich. Ich hatte die Fragen durch, aber es reizte mich, noch weiterzugehen. »Eins noch.«

»Okay, dann ist aber Schluss.«

»Dan war ein bisschen zu grob. Das mag ich nicht. Er soll sich wenigstens die Fingernägel schneiden.« Ups, dachte ich. Jetzt war ich zu weit gegangen. Mick sah mich überrascht an. Er blickte an mir herunter und blieb bei meiner geöffneten Tasche hängen.

»Da hat was geklingelt«, sagte er finster und sah weiter auf die Öffnung. Aber ich war mir sicher, da hatte nichts geklingelt. Dafür klingelte es jetzt an der Tür.

»Oh«, sagte ich, »dein Shooting? Ich geh dann mal.« Mick antwortete nicht, lief hastig hinter mir her zum Ausgang, blickte immer wieder in meine geöffnete Tasche und drückte fahrig auf den Türöffner, während ich mich verabschiedete und eilig die Treppe hinabstieg. Denn es würde niemand heraufkommen. Es war Tilda gewesen, die geläutet hatte. Wir rannten prustend auf die Straße hinaus, wie kleine Mädchen bei ihrem ersten Klingelstreich, dann um die nächste Ecke und an einem Fahrradhäuschen blieben wir stehen und schlugen endlich die Hände ein, umarmten uns weinend, wie Überlebende einer Naturkatastrophe und schrien laut den Passanten entgegen.

»Jahahaha. Huuuuuuh. Yessssss. Tschakalaka bumm. Klappe zu. Fotografen tot.«

»Kim«, Nana warf die Arme in die Luft, »du bist ja eine Wahnsinns-Schauspielerin! Das war unglaublich!« Tilda stellte sich vor mich und sah mir in die Augen. Die ihren waren feucht vor Rührung und Glück.

»Kim. Weißt du, was du gerade gemacht hast? Du hast unsere Ehre gerettet. Und nicht nur unsere, sondern die von allen 23 Mädchen. Ich bin soooooo stolz auf dich. Das wird ein Fest.« Und zu meiner Überraschung fühlte ich mich großartig, lebendig, voller Energie. Das Schattenmonster hatte endlich eine Niederlage erlitten. Jetzt wurde gegengehalten, von Kim Dornberg, der tot geglaubten, aber wiederauferstandenen Kim Dornberg.

.

41

Es roch nach Curry, als ich Lattes Wohnung betrat.

»Willkommen in Mumbai, Miss«, sagte er. Latte war barfuß, hatte eine weite indische Hose an und einen Schal wie einen Turban um den Kopf gewickelt. Zwischen den Augen einen roten Punkt. Er drückte die Hände vor dem Herzen aneinander und verneigte sich leicht. »Ihr ergebener Diener Latteji begrüßt die junge Miss.« Er nahm ein weißes Tuch von seinen Schultern und legte es mir um den Nacken. »Namaste.« Dann führte er mich in die Küche, die mit bestimmt hundert brennenden Teelichtern geschmückt war. Der Tisch war für zwei gedeckt und mit orangenen Blüten und Anissternen verziert. Es war ein Traum. Ich stand ergriffen im Türrahmen und blickte mich um. So etwas Schönes hatte ich noch nie erlebt.

»Hast du das für *mich* gemacht?« Meine Stimme zitterte vor Rührung.

»Aber sicher, schöne Miss. Ein Augenschmaus für den Augenschmaus.« Er verbeugte sich wieder. Ich kam mir ganz schäbig vor in meinen zerrissenen Jeans und dem ollen T-Shirt, auf dem *Overkill* stand. Und da reichte er mir einen roten Stoff, der mit goldenen Pailletten bestickt war. »Falls die schöne Miss einen Sari tragen möchte?« Ich wickelte mir das Tuch unbeholfen um den Körper.

»Woher hast du das alles?«

»Indischer Mitbewohner, der netterweise heute unbedingt ins Sportstudio musste.« Latte lachte.

»Latte ...«

»Latteji, junge Miss, mit *dschi* am Schluss.«

»Also gut, Latteji, das ist wirklich wunderschön.«

»Danke, Miss Kimji.« Er verneigte sich wieder. Er wies mir einen Stuhl zu, schob ihn mir unter den Po und schenkte uns beiden Tee in kleine bunte Gläser. Das Curry stand dampfend auf dem Tisch. Er tat uns beiden auf und setzte sich.

»Auf Latteji«, sagte er und hob sein Glas.

»Gibt es etwas zu feiern?«

»Meinen Geburtstag.«

»Heute?« Er nickte. »Und den verbringst du mit mir?« Er nickte wieder. Und als wir uns über das dampfende Curry und die flackernden Kerzen hinweg ansahen, da tat mein wundes Herz einen gewaltigen Hüpfer, mitten hinein in einen rosa Watteberg.

Latteji reichte mir eine Schüssel mit warmem Wasser und einem Tuch. Er hatte selbst eine vor sich stehen und wusch sich darin die Hände. Ich tat es ihm gleich. Und dann steckte er seine rechte Hand mitten in das Gemüsecurry und begann zu essen.

»Macht man so in Indien.«

Und also begann auch ich das Essen mit der nackten Hand in den Mund zu befördern. Anfangs war es ein bisschen unangenehm. Aber ich gewöhnte mich daran. Und während wir das leckere Curry genossen und eine orientalische Musik erklang, blickten wir uns immer wieder an und ich dachte plötzlich, dass Bo mich einen Scheißdreck interessierte.

»Was machst du eigentlich?«

»Du meinst, wenn ich nicht koche?«

»Ja.«

»Ich studiere Soziale Arbeit.«

»Echt? Wie alt bist du denn geworden?«

»20. Und du?«

»Ich werde bald 16.« Es ging mir ganz leicht über die Lippen. Die verfluchte 15 würde ich nie mehr nennen müssen. »Meine Eltern sind nicht so begeistert.« Ich lachte. Aber dann wurde mir schlagartig klar, dass ich in der Clique ja das Märchen von der zerrütteten Familie erzählt hatte, um mich interessant zu machen. Ich blickte Latte erschrocken an. Aber er lächelte.

»Hör mal, Kimi. Ich weiß, dass du gelogen hast. Aber ich verurteile dich nicht dafür. Es war ja nicht ganz gelogen. Ich glaube, du hast eigentlich von *dir* gesprochen, oder? *Du* hast dich verlassen, *du* hast dich betrunken und *du* behandelst dich schlecht. Es wird einen Grund dafür geben. Und den hätte ich in unserer Clique bestimmt auch nicht preisgegeben.« Er hob sein Teeglas in die Höhe. »Auf einen neuen Lebensabschnitt?«

»Ja, Latteji«, sagte ich erleichtert, »auf die Wahrheit.«

42

Am Sonntag gab es mal wieder ein Familienfrühstück mit Theo und Donna. Es war der 2. Juli und ich dachte an nichts anderes mehr als an die Talkshow. Wir wollten nachmittags noch einmal zusammenkommen, um die letzten Vorbereitungen zu treffen, Tilda, Nana, Jella und ich, die *Wounded Worriers*. So nannten wir uns jetzt. Ich hatte auf meinem Instakanal und unter Sonnis offiziellem Bewerbungshashtag dazu aufgerufen, die Sendung anzusehen und Nana hatte SMS an alle geschändeten Mädchen der *Pussy-Liste* geschrieben und von unserem Plan erzählt, in der Hoffnung, dass sich uns die eine oder andere doch noch anschließen würde. Ich war wahnsinnig gespannt, wer alles zu unserem Treffen erscheinen würde. Jella wollte sich derweil um T-Shirts und Flyer kümmern und Tilda um die Technik. Das geplante nächste Shooting mit Dan konnte ich mit Müh und Not auf den 4. Juli schieben. Bis dahin wäre alles gelaufen – hoffentlich. Latte hatte ich zwar nicht erzählt, worum es ging, aber ihn gebeten, nach der Sendung auf Abruf für mich da zu sein. In meinem Hirn ging ich den Ablauf immer wieder durch, hatte Schweißausbrüche, Heulkrämpfe, bekam Adrenalinduschen und sah in meinen Träumen alles schiefgehen, was schiefgehen konnte. Mehrere Male war ich kurz davor abzusagen. Wenn es nur um mich gegangen wäre, hätte ich das wohl auch gemacht, aber wenn ich an die anderen drei *Kriegerinnen* dachte, dann war die Sache sonnenklar: Es gab kein Zurück. Mit all diesen gemischten Gefühlen wankte ich in den Garten und ließ mich in die Hollywoodschaukel fallen, direkt neben Donna. DONNA, meine Güte. Sie sah gruselig aus, streichholzdünn, mit verhangenen Augen, die tief in ihren Augenhöhlen verschwanden. Keine Spur mehr von Elfenstaub.

»Hi Kim«, hauchte sie.

»Hi.«

»Du siehst schön aus.«

Das sagte sie immer. Und auch ich sagte das immer zu ihr. Aber diesmal konnte ich nicht, hatte ja mit Latte auf die Wahrheit angestoßen, wollte Donna aber auch nicht wehtun.

»Danke«, sagte ich. »Geht es dir gut?«

»Ja.« Sie blickte zu Theo, der sich mit Dad unterhielt und währenddessen immer wieder zu uns herübersah. Er hob sein Glas in die Höhe und prostete uns zu. »Kim.« Sie sprach so leise, dass ich sie kaum verstehen konnte. »Bist du zu dem Shooting gegangen?« Sie blickte zu Boden. »Bei Mick Bundschuh?«

»Bei wem?« Ich versuchte, Zeit zu gewinnen. Was sollte ich sagen?

»Der Fotograf, Mick Bundschuh.« Ein jäher Schweißausbruch überzog in Sekundenschnelle meine Haut. Während wir sanft schaukelten und ich den Kopf in den Nacken legte, in der vagen Hoffnung auf eine Eingebung von oben, nahm Donna meine Hand. Die ihre war eiskalt und feucht wie ein toter Fisch, ein abgemagerter toter Fisch. Doch unter der starren Oberfläche pochte es aufgeregt wie von einer tickenden Zeitbombe. Es war derselbe Takt, in dem auch mein Puls sein SOS morste. Wir sahen uns gleichzeitig an und es schien, als ob ich in meine eigenen angsterfüllten Augen blickte wie in einen Spiegel.

»Ja«, sagte ich. »Ich war bei Mick.«

Da schlug Theo zwei Gläser aneinander und rief uns zum Tisch. Donna schnappte nach Luft, bedeutete Theo mit einer wedelnden Handbewegung, dass er gerade störte. Aber der ließ sich nicht beirren, kam herbei und zog Donna an seine Seite. Ich ließ den Kopf wieder in den Nacken sinken und pustete die verbrauchte Luft aus, die ich viel zu lange angehalten hatte.

»Wir wollen etwas bekanntgeben«, verkündete Theo feierlich vom anderen Ende des Universums. Mum quietschte gleich los. »Wir wollen heiraten, noch in diesem Jahr.« Mum sprang auf und fiel Theo um den Hals. Dad ließ sofort den Korken einer Schampusflasche knallen und drückte Donna an sich. Ich sah sie die ganze Zeit an. Sie wirkte so fragil, dass ich Angst hatte, er könnte ihr alle Knochen brechen. Sie lächelte zwar, aber ihre Augen blickten noch genauso traurig in die Welt wie zuvor. Ich schob Theo ein wenig zur Seite.

»Na, Schwesterlein, das gefällt dir doch sicher, wenn dein großes Vorbild in unsere Familie einheiratet, oder?« Er trank den Schampus in zwei großen Schlucken aus.

»Theo, was ist mit ihr? Sie ist so dünn und ...«

»Ach was. Sie war ein bisschen krank. Ihr Mädels habt ja immer irgendwas.« Er lachte.

»Du redest schon wie Dad.«

»Hey, ich bin wie immer. Aber du bist heute komisch.« Er pikste mir in den Bauch. »Dabei soll ich dir von Bo einen Gruß ausrichten.« Er hob die Augenbrauen übertrieben in die Höhe. »Er folgt dir jetzt auf Instagram, hast du das schon bemerkt?«

»Nein.«

»Na so was. Und es wird dir gefallen zu hören, dass Eloise ihn verlassen hat.« Er hob mich hoch und setzte mich auf der Treppe wieder ab. Dann wurde er von Mum belagert, die pausenlos mit ihm auf die Hochzeitspläne anstoßen wollte. Ich setzte mich auf die Stufen. Bo. Eloise. Das klang so weit weg und interessierte mich gar nicht mehr. Ich dachte an Latte, Latteji mit *dschi*, und lächelte.

»Am Dienstag müsst ihr den Fernseher einschalten«, verkündete Theo, »NDR, um 21 Uhr.«

Dienstag, NDR, 21 Uhr? Ich sah ihn atemlos an. Wusste er ...?

»Da könnt ihr Donna sehen, in einer Talkshow.«

Nein! Mir wurde schwindelig. Ausgerechnet Donna hatten sie eingeladen. »Sie wollte erst nicht«, fuhr Theo fort, »aber ich hab sie überredet.« Er zwinkerte Donna zu, die dünn lächelte. »Ist doch 'ne tolle Publicity.« Mum und Dad nickten und sahen Donna bewundernd an.

»Aber wenn sie nicht will«, machte ich einen kläglichen Versuch, das Blatt noch zu wenden.

»Doch, jetzt will sie. Wir haben ein wenig Talkshow *gespielt*. Ich war der Moderator. War doch gut, oder Schatz?« Er blickte zu Donna, die verstummt war. Mich überzeugte das überhaupt nicht. Ich schnappte mir Donnas Hand und zog sie in den hinteren Teil des Gartens.

»Donna, warum lässt du dich von Theo überreden? Du musst doch nicht an so einer blöden Talkshow teilnehmen. Als ob dir das mehr Jobs einbringen würde. Ich seh doch, dass du gar nicht willst. Und da macht doch auch dieser Fotograf mit, von dem wir vorhin geredet haben, Mick Bundschuh.

Den magst du doch nicht. Mag der dich denn? Also, ich würde mich an deiner Stelle dort nicht blicken lassen. Und wer weiß, was die für Fragen stellen ...« Ich gab alles. Aber Donna ließ nur mutlos den Kopf hängen.

»Nett, dass du mich unterstützen willst, Kim, aber es ist entschieden und es wird mich schon nicht umbringen.«

Aber mich, dachte ich. Wenn die *Wounded Worriers* ihren Plan ausführten, dann würde Theo nie wieder mit mir sprechen. Donna würde wahrscheinlich in Ohnmacht fallen und Mum und Dad mich in ein Heim stecken. Letzteres war vielleicht gar nicht mal so schlimm. Ich könnte zu Jenny ziehen oder mit Tilda, Nana und Jella eine WG gründen. Mit Mum hatte ich zwar eine Art Waffenstillstand, aber wir schlichen umeinander herum wie Löwinnen aus unterschiedlichen Rudeln, die sich beäugten, aber jederzeit zum Sprung ansetzen würden, wenn eine in das Revier der anderen eindrang.

»Oh, was ist das denn?« Donna hockte vor ein paar kleinen Kreuzen, die ich aus Kieselsteinen in die Erde gedrückt hatte.

»Da hab ich mal ein paar Vögelchen begraben. Sie haben sich täuschen lassen, dachten sie fliegen in die Freiheit, dabei war der Himmel nur eine Projektion in der Fensterscheibe. Hat ihnen das Genick gebrochen.« Donna blickte mich erschrocken an. »Oh, tut mir leid.« Mum gesellte sich zu uns. »Die Wahrheit kann grausam sein.« Ich sah sie an. »So grausam, dass man manchmal lieber an eine Lüge glaubt.«

»Wovon sprecht ihr gerade?« Die Empörung in Mums Stimme prallte einfach von mir ab.

»Von Vögeln.«

43

Als Tilda die Tür öffnete und mein trauriges Gesicht sah, da nahm sie mich einfach in den Arm und sagte lange nichts.

»Es gibt eine *Komplikation*«, begann ich.

»Das klingt, als würden wir einen Bankraub planen und sie hätten den Safe ausgetauscht.«

»Schön wär's. Einfacher.« Tilda zog mich in ihr Zimmer und rief in Richtung Küche.

»Claudi, wir besprechen jetzt unsere Aktion, ja?«

»Okay. Alles Gute.«

»Wer ist denn Claudi?«

»Meine Mutter.«

»Was? Hast du ihr davon erzählt?«

»Na klar. Sie hat mir die Boxen besorgt und die Werbetrommel gerührt, damit möglichst viele Menschen zugucken. Sie findet uns supermutig und ist stolz auf uns alle. Mein Vater übrigens auch.« Ich starrte sie an. »Was ist?«

»Sie wissen alle davon?«

»Natürlich. Ist doch meine Familie.« Es klingelte und sie sprang auf, um Nana und Jella reinzulassen. »Ich sag es nochmal für alle: Meine Eltern wissen über alles Bescheid. Für mich war das ausschlaggebend, um etwas zu unternehmen, versteht ihr? Wenn sie mich nicht unterstützt hätten, dann würden wir jetzt nicht hier zusammensitzen. Das war meine einzige Chance. Alleine hätte ich es nicht gepackt.«

»Und sie glauben dir?«

»Ja.« Ihre Stimme wurde zittrig. »Ich hab wirklich Glück, oder?« Tränen liefen ihre Grübchen entlang.

»Ja«, sagte Jella, »und wir auch. Weil du an uns glaubst.« Nun wischte auch sie sich eine Träne aus dem Auge.

»Und welche *Komplikation* gibt es, Kim?« Ich war noch so ergriffen, dass ich kurz darüber nachdenken musste.

»Meine zukünftige Schwägerin, Donna, sie ist auch zur Talkshow eingeladen.« Tilda strahlte.

»Das ist doch super. Da haben wir ja eine Unterstützerin im Rampenlicht. Besser geht es gar nicht.«

»Nein. So einfach ist das nicht. Donna weiß nichts von alledem. Sie ist Profimodel. Und mein Bruder wird mich umbringen, wenn ich sie in Schwierigkeiten bringe. Ganz zu schweigen von meinen Eltern. Ich kann da nicht aufkreuzen.«

Die drei blickten mich an. Eine eiskalte Welle der Enttäuschung schwappte über mich hinweg. Tilda war die Erste, die sich fasste.

»Können wir die Tonaufnahme nehmen? Dein Name muss ja nicht fallen.«

»Ja klar.« Alle Energie verließ mich und ich fühlte mich wie eine Versagerin. Ich spürte, dass es schlimmer wäre als alles, was mich zu Hause erwartete, wenn ich diese drei wundervollen *verwundeten Kriegerinnen* nun alleinlassen würde. Dass alles, wofür ich die letzten Tage gekämpft hatte, umsonst gewesen wäre und ich es für immer bereuen würde, wenn ich jetzt aufgab. Ich hatte eine Scheißangst vor der Talkshow, aber es war *die* Chance, alle zerstörerischen Kräfte in meinem Inneren, die immer wieder an den Wunden rissen, auszuleiten wie Giftstoffe und endlich zu mir selbst zurückzufinden.

»Ach, scheiß drauf«, rief ich kämpferisch und streckte meine Faust empor. Da jubelten die Drei und fielen mir um den Hals. Es war einfach nur wundervoll.

»Scheint keine *Kriegerin* mehr zu kommen«, sagte Tilda nach einer halben Stunde. »Dabei haben meine Eltern noch acht Zuschauerkarten organisieren können.«

»Egal.« Jella knöpfte ihr schwarzes Hemd auf und zeigte uns das T-Shirt, das sie trug. #NotyourGirl stand darauf. Und darunter ein roter Stiletto, dessen spitzer Absatz in einer ausgestreckten haarigen Männerpranke steckte wie ein Dolch.

»JELLA«, quietschten wir im Chor.

»Das ist einfach G-E-N-I-A-L«, sagte Tilda und zog Jellas T-Shirt straff, um den Aufdruck besser sehen zu können.

»Hast du das selbst entworfen?«, fragte Nana. Jella nickte. »Wahnsinn. Du bist ja unglaublich begabt.« Jellas blasses Gesicht bekam zum ersten Mal Farbe.

»Ich hab zehn Shirts bedrucken lassen.«

»Hey, das ist doch teuer, oder?« Tilda wühlte schon in einer Tasche, aber Jella winkte ab.

»Nein, bitte. Endlich kann ich auch mal etwas tun.«

»Wow. Es wird mir eine Ehre sein, dein Shirt zu tragen.« Tilda klopfte sich auf die Brust. »Du bist eine Heldin, Jella. Kommt, wir ziehen sie alle an und machen ein Foto von uns. Das können wir dann nach unserer Aktion auf unsere Insta-Seite stellen.«

»Welche Insta-Seite?«

»@WoundedWorriers natürlich. Und der erste Hashtag wird #NotyourGirl. Wir werden die *Toilette des Internets* in eine Streitaxt verwandeln. Sie streckte ein T-Shirt in die Höhe. »Auf unsere Würde!«

44

Der 3. Juli. Tag X. Ich ging meinen Eltern den ganzen Tag aus dem Weg, lief im Park spazieren, fütterte Enten, legte mich auf eine Wiese, sah den Wolken beim Schweben zu und tat alles, um meinen Puls unter Kontrolle zu halten. Ein alter Mann lief mit seinem Dackel an mir vorüber und grüßte freundlich. Ich grüßte zurück. *Dies ist der letzte Tag, an dem ich einfach so herumschlendern kann, ohne für jeden offensichtlich eine schmutzige Geschichte zu haben*, dachte ich. *Wenn mich ab morgen jemand ansieht, werde ich immer denken: Er weiß es. Oder: Sie kennt meine Geschichte.* Ich hatte keine Ahnung, wie sich das anfühlen würde. Käme ich mir nackt vor? Würde ich beschimpft werden? Würde Mick die Fotos veröffentlichen und alle Welt könnte sie sehen? Was wäre mit Vivi, Isi, Sami und all den anderen, wenn sie davon erführen? Es war schwindelerregend, sich das auszumalen.

Der Countdown startete um 19.30 Uhr, eine Stunde vor Einlass. Ich zog einen Sport-BH an, keinen Push-up, der meine Brüste künstlich aufbäumen würde. Darüber das T-Shirt, schwarz mit rotem Druck. Die Haare fasste ich zu einem Pferdeschwanz zusammen, damit sie nichts verdeckten, und stülpte eine dünne Mütze darüber, um nicht sofort von Donna erkannt zu werden. Und über das Shirt streifte ich eine schwarze weite Bluse, die ich aus dem Kleiderschrank meiner Mum mopste. In die Tasche meiner Jeans steckte ich einen herzförmigen Stein, den mir Latte als Glücksbringer für alle Lebenslagen geschenkt hatte. Und dann fuhr ich zum NDR-Studio.

Die anderen *Kriegerinnen* warteten schon vor dem Eingang. Wir stellten uns im Kreis auf und sahen uns schweigend an, eine nach der anderen, bis wir alle im selben Takt atmeten.

»Okay«, sagte Tilda, »los geht's.« Sie verteilte die Tickets. »Wir setzen uns alle getrennt und du, Kim, weiter hinten, damit Donna dich nicht gleich sieht. Meine Eltern sind auch da. Aber sie werden so tun, als ob sie uns nicht kennen. Also wundert euch nicht, wenn ihr sie entdeckt. Sie werden ein paar Fotos für uns schießen. Wir treffen uns später bei mir. Dann wird hoffentlich gefeiert.« Wir schlugen die Hände ein und verteilten uns in der Schlange am Eingang. Mein Herz klopfte rasend schnell. Meine Hände klebten verschwitzt aneinander, hielten sich fest, pressten sich gegenseitig das Blut aus den Fingern. Meine Kehle war trocken und rau wie Sandpapier. Ich steckte mir das erste Bonbon in den Mund. Wir hatten alle einen Vorrat in unseren Taschen, gegen verräterische Hustenanfälle. Und schon saß ich auf meinem Stuhl im Zuschauerraum, der sich wie eine Arena rings um eine Sitzgruppe wand. Ich war Tilda dankbar dafür, dass sie mich weiter hinten vorgesehen hatte. Noch zehn Minuten bis zum Sendestart. Da sah ich, wie Tilda mit einer Jutetasche Richtung Bühne spazierte und dabei so tat, als ob sie sich alles genau ansehen und Fotos machen wollte. Die Scheinwerfer waren noch nicht eingeschaltet und im Zuschauerraum herrschte allgemeine Unruhe. Auf einem großen Bildschirm lief eine Art Diaschau von Modefotografien, die Mick und Dan gemacht haben mussten. Auch Fotos von Donna waren dabei. Während die meisten Zuschauer zum Flatscreen blickten, ging Tilda vor einem der Sessel in die Hocke und tat so, als ob sie sich den Schnürsenkel binden würde. Dabei schob sie blitzschnell die Tasche zwischen den Stuhlbeinen hindurch. Es schien sie niemand beobachtet zu haben. Ich atmete erleichtert aus. Dann kam ein Animateur herein, begrüßte uns und gab noch ein paar humorvoll verpackte Anweisungen. Er ließ seinen Blick über die Zuschauer gleiten und bat einen älteren Mann im karierten Hemd, seinen Platz mit einer Frau zu tauschen, die hinter ihm saß. Dann sah er Jella an. »Junge Dame, hatten Sie heute einen schlechten Tag? Sie gucken so traurig.« Die Zuschauer verstanden den Witz und lachten, aber Jella zuckte zusammen wie ein verschrecktes Reh. »Ich vermute, es hat Sie jemand gezwungen mitzukommen?« Wieder lachten die Zuschauer. Jella schüttelte nur den Kopf. Ich betete, dass der Spaßvogel endlich von ihr abließ, bevor sie einen Heulkrampf bekam. Aber er richtete sich nun an die Menschen, die direkt neben Jella saßen, einen jungen Mann im Anzug und eine ältere Dame mit langen Perlenohrringen. »Bitte kümmern Sie sich doch gut um die junge Dame, damit Sie sich nicht so allein fühlt, ja?« Der junge Mann grinste und nickte Jella zu. Die war kurz davor, den Saal zu verlassen, hatte die Beine schon sprungbereit nebeneinander gestellt. Zum Glück betrat nun der Moderator die *Arena* und die Zuschauer begannen frenetisch zu klatschen.

»Danke Lars, wie ich sehe, hast du unser wundervolles Publikum schon in Stimmung gebracht.« Lars verzog sich und der Moderator rief die Gäste herein, die schon an ihren Plätzen sitzen sollten, wenn die Sendung begann. Unter lautem Getrampel und Geklatsche nahmen sie ihre Plätze ein. Ich bebte und würgte an einem unsichtbaren Brocken. Die *Teufelskralle* Dan setzte sich direkt neben den Moderator. Sein lächerliches Hawaiihemd mit rosa Palmen beulte sich über dem Bauch aus. Zum Glück hatte es keinen Blümchen-Print. Mick folgte ihm, gab dem Moderator die Hand und setzte sich neben Dan. Dann kam eine elegante ältere Dame, die ich noch nie gesehen hatte und als Agentin vorgestellt wurde, und schließlich Donna. Sie wirkte noch zerbrechlicher als am Sonntag, hatte ein ungewohnt flatteriges Blumenkleid an und die Elfenhaare zu einem Zopf geflochten. Ihr Gesicht war stark geschminkt und wirkte puppenhaft gepudert. Es war nur noch der Platz zwischen Mick und der älteren Dame frei. Donna ließ sich auf den freien Sessel gleiten, der doppelt so breit war wie sie selbst und schlug die Beine übereinander. Das Licht im Zuschauerraum wurde gedimmt und jemand machte ein Zeichen, dass wir in fünf Sekunden auf Sendung waren. Die Kameras wurden in Position gebracht, eine bekannte Melodie erklang und der Moderator stellte die Gäste noch einmal vor, sowie das Motto der Sendung: *Zu schön, um wahr zu sein?* Ich konnte gar nicht richtig zuhören, war mit einer Gedanken- und Gefühlsexplosion beschäftigt, die mein Inneres permanent umsortierte. Dabei blickte ich wie gebannt auf die Szenerie und konnte nicht fassen, dass dies alles real war. Mein Herz sprang fast aus meiner Brust und meine feuchten Hände klebten aneinander.

»Dan«, sagte der Moderator vertraulich, »Sie haben schon für alle namhaften Modelabels gearbeitet und waren in der Jury von *Perfect Girl*. Wie ist das, wenn man ständig von den schönsten Frauen der Welt umgeben ist?« Dan blickte kurz zu Donna.

»Schön.« Er lachte. »Ich habe viel Glück gehabt. Es ist natürlich schöner, als Kühlschränke zu fotografieren, aber letztlich geht es um die Inszenierung. Die Kunst ist doch, auch einen Kühlschrank sexy aussehen zu lassen. Ich suche den geeigneten Hintergrund, das Objekt wird von Stylisten vorbereitet, das Licht wird gesetzt und der perfekte Winkel gesucht, die perfekte Belichtungszeit und so weiter.«

»Das nehme ich Ihnen nicht ab«, sagte der Moderator lachend, »die Models sind ja nunmal keine Kühlschränke, sondern eher das Gegenteil. Und die Bilder entstehen oft an den schönsten Plätzen auf diesem Planeten.«

»Ja, da haben Sie recht. Und die Models haben ja auch mehr Personality als Kühlschränke und bewegen sich eleganter.« Seine krächzende Lache rieb wie Schmirgelpapier an meinem wunden Herzen. »Das war ein kleiner Joke.« Er lehnte sich in Donnas Richtung, die aschfahl auf ihrem Platz saß. »Und ich würde mir die Bilder von Kühlschränken natürlich nicht aufhängen, die der Models schon.« Er zwinkerte dem Moderator zu. Ich kämpfte gegen einen heftigen Würgereiz an, konnte nicht verhindern, mir vorzustellen, dass die Bilder von meiner Scham an Dans Schlafzimmerwand hingen.

»Man hat Sie oft mit Kate Moss gesehen. Sind Sie privat befreundet?«

»Nein. Ich habe nur professionelle Beziehungen zu den Models. Ich freunde mich grundsätzlich nicht mit ihnen an.«

»Und Sie, Mick? Sie sind ja mit einem Model verheiratet und haben zwei Kinder. Lernten Sie Ihre Frau bei der Arbeit kennen?«

»Ja«, sagte Mick, »das war tatsächlich eine Ausnahme, ein *coup de foudre* in Paris, Liebe auf den ersten Klick, sozusagen.

Sie hatte mich völlig in ihrer Hand. Ich war wehrlos.« Er warf die Hände in die Luft. »Aber normalerweise halte auch ich die professionelle Distanz ein. Schon wegen meiner Frau.« Ich starrte auf das Foto, welches hinter ihm auf dem Flatscreen eingeblendet wurde. Mick mit seiner wunderschönen Frau und zwei kleinen Kindern. Eine perfekte Familie.

»Was sagen Sie dazu, Donna? Sie stehen ja auf der anderen Seite. Sie sind erst 18 Jahre alt und schon sehr erfolgreich. Auch mit Dan und Mick haben Sie schon gearbeitet. Wie fühlt man sich da?«

»Ja, es ist toll.« Sie war so leise, dass der Techniker die Lautstärke langsam hochregelte, während sie sprach. »Ich bin sehr dankbar.«

»Erzählen Sie uns doch mal, wie das alles angefangen hat? Wurden Sie entdeckt?«

»Ja, in einem Kaufhaus.« Sie lächelte mager.

»Von mir«, sagte Mick.

Es durchfuhr mich wie ein Blitz. Ich blickte zu Nana, die mir gegenübersaß. Auch sie sah mich an. Wir nickten uns zu, dachten genau das Gleiche.

»Das ist ja der Traum eines jeden Mädchens, oder?«

»Ich weiß nicht«, sagte Donna. »Ist das so?« Der Moderator lachte.

»Davon gehe ich aus. Wenn man bedenkt, wie viele Mädchen sich bei der Castingshow *Perfect Girl* bewerben, obwohl sie wissen, was das mit sich bringt, nämlich, dass sie sich nackt ausziehen müssen, dass sie sich bei eisigem Wind am Strand räkeln müssen, vielleicht mit einem nackten Male-Model.« Er zeigte auf die Fotografie eines jungen Mannes mit tätowiertem Oberkörper, die gerade eingeblendet wurde.

»Dass sie mit Reptilien posieren oder sich von Hochhäusern abseilen müssen und dass nur Eine am Ende gewinnen kann. Das zeigt doch die Sehnsucht nach einem Leben in schönen Kleidern im Rampenlicht. Was würden Sie so einem Mädchen denn raten, das Model werden möchte, aber es nicht in die Sendung geschafft hat?«

»Ich würde ihr raten, erstmal die Schule zu beenden und sich zu überlegen, ob sie nicht etwas Sinnvolles mit ihrem Leben anstellen möchte.«

Boom! Wahnsinn. Donna blickte plötzlich aufmüpfig in die Runde, die verblüfft verstummt war. Durch den Zuschauerraum ging ein leises Raunen. Der Moderator sah auf die Karten in seiner Hand.

»Äh, das war bestimmt ein Scherz, oder?«

»Ja«, mischte sich Mick ein, »sie ist immer sehr provokativ, unsere Donna. Nicht wahr?« Er blickte Dan an.

»Allerdings. Immer für Überraschungen gut.« Beide Männer fixierten Donna, die wieder in sich zusammenfiel wie eine welke Rose.

»Also, man sollte einfach darüber nachdenken, ob man bereit ist, viel zu reisen und in der Öffentlichkeit zu stehen«, ruderte sie zurück. »Das ist ja nicht für jede etwas.«

»Ja, aber das ist ja gerade das Tolle an dem Beruf«, mischte sich die Agentin ein. »Genau danach sehnen sich die meisten Mädchen ja.«

»Mick, Sie haben große Pläne, wie wir erfahren haben. Sie wollen Dan beerben und an Sonnis Seite die Jury von *Perfect Girl* bereichern. Stimmt das?«

»Ja, das stimmt. Die Entscheidung ist noch ganz frisch. Ich freu mich darauf.«

»Wie erkennt man denn ein geeignetes Mädchen? Für mein ungeübtes Auge ist es unmöglich, eine Auswahl zu treffen.«

»Sie muss das gewisse Etwas haben, ein Alleinstellungsmerkmal: besonders hohe Wangenknochen, schön geschwungene Augen oder eine Zerbrechlichkeit wie zum Beispiel unsere Donna. Sie muss sich natürlich auch bewegen können und Personality haben.«

Ein lautes Knarzen zerschoss Micks Worte. Es kam aus den Tiefen des Stuhls, auf dem der Moderator saß. Und dann hörte ich meine eigene zittrige Stimme, die völlig übersteuert den ganzen Raum erschütterte und fremd klang wie von einem Alien.

Für welche Bilder tauge ich denn?

Naja, das, was du bei Dan gemacht hast, war schon klasse.

Ich schaltete sofort in eine Art Autopilot-Modus, der nach einem zuvor festgelegten Ablaufplan agierte. Während der Moderator und die Gäste sich suchend umblickten und Mick panisch an seine Jacke fasste, weil er wohl vermutete, die Stimmen kämen aus seinem Handy, knöpfte ich langsam meine Bluse auf, unter der unser T-Shirt zum Vorschein kam. Ich sah, wie Nana sich ebenfalls ihren Hoodie auszog.

Also eher so Pornobilder?, krächzte ich aus dem Lautsprecher.

Hey, das klingt ein bisschen vulgär. Sagen wir lieber ästhetische Aktfotografie.

Inzwischen war ein Blitz in die beiden Fotografen gefahren. Sie blickten sich an, mit vor Schreck geweiteten Augen. Aber auch Donna war erstarrt, bis auf ihre Pupillen, die wie Suchscheinwerfer durch den Raum glitten, bis sie mich gefunden hatten. Ich wäre am liebsten im Boden versunken.

Wo ist denn da der Unterschied?
Es klingt besser.

Der Moderator war von seinem Sitz aufgesprungen und ein Techniker zerrte die Tasche mit dem Lautsprecher darunter hervor.

Also, ich würde es gerne genau wissen. Dann kann ich mich darauf einstellen. Das letzte Mal war ich nicht vorbereitet, untenrum nicht gut rasiert und so.

Gut, wenn du willst. Alles immer rasieren, ganz einfach. Es könnte auch mal ein Kerl dazukommen, der dich anfasst. Und wenn du richtig Kohle haben willst, dann lässt du ihn mal ran.

Ein Gemurmel erfüllte den Saal. Der Techniker hatte den Lautsprecher aus der Tasche gepellt und drückte auf eine Taste. Stille. »Äh«, machte der Moderator und sah in die Kamera, an der ein rotes Licht leuchtete, »es gab eine kleine Komplikation, aber wir haben alles wieder im Griff.« Er setzte sich auf den Sessel und strich sich die Haare glatt. »Das klang wie Ihre Stimme, Mick. Da hat sich wohl jemand einen üblen Scherz erlaubt, oder?« Er blickte Mick an, der kreideweiß war und stumm nickte. Im Hintergrund lächelte seine Frau glücklich von der Leinwand. Ich sah zu Tilda, die dabei war, ihre Jacke auszuziehen. *Shit*, dachte ich, *shit, shit, shit*. Das würde so was von in die Hose gehen. Doch schon sprang Tilda von ihrem Sitz auf, leuchtete ihr Shirt mit der Taschenlampe an und schrie:

»Mick und Dan sind Verbrecher! Sie benutzen Minderjährige für ihre dreckigen Sexgelüste.« Ein Ordner preschte heran und zerrte an Tildas Arm, die sich wehrte und um sich schlug. Nana stand auf, leuchtete sich ebenfalls an und brüllte:

»Die *Wounded Worriers* werden nicht mehr schweigen. Wir haben genug gelitten.« Ein zweiter Ordner bahnte sich einen Weg durch die Menge. Noch bevor er bei Nana war, hatte Jella das Wort ergriffen.

»NOT YOUR GIRL!«, rief sie mit zittriger, aber lauter Stimme und streckte eine Faust in die Luft. Mit der anderen Hand zeigte sie auf die beiden Männer. Die waren inzwischen aufgesprungen und brüllten *Lüge* und *Unverschämtheit* und *Verschwörung*. Der Moderator sah sich suchend um, schien auf ein Zeichen der Regie zu warten. Nun war ich dran. Ich stand wackelig auf und leuchtete mich an, wollte etwas sagen, würgte aber an meinen eigenen Worten. Ich konnte nur Donna ansehen, wie sie da so elfenstaubzart auf der Bühne stand, verloren im Rampenlicht, von uns in eine Situation gebracht, die sie völlig überforderte. Sie blickte mich an, mit riesigen fragenden Augen. *Es tut mir so leid*, formte mein Mund.

»Alles Lüge«, rief Mick gerade. Und da ging plötzlich ein Ruck durch ihren Körper. Sie wand sich entschlossen ab, schubste Mick zur Seite, stob auf den Techniker zu, entriss ihm den Lautsprecher und stellte ihn wieder an.

Du könntest mal was mit deinen Titten machen lassen. Die sind ein bisschen zu klein, dröhnte Micks Stimme aus der Box. Donna hob sie in die Höhe wie die Freiheitsstatue ihre Fackel, stand nun entschieden wie ein Fels in der Brandung des Tumults, der um sie herum wogte.

Und was ist mit meinem Alter? Ich bin ja noch minderjährig.
Heyhey. Wenn es nach mir geht, muss keiner was erfahren. Bleibt unter uns, okay?

»Schweine«, brüllte jemand aus dem Zuschauerraum. Dan stieß seinen Stuhl um und flüchtete in den Backstagebereich.

Ja, gut, sagte meine Stimme durch den Lautsprecher. *Aber ich bin hoffentlich nicht die Erste, mit der ihr so arbeitet. Also es soll schon professionell sein.* Wie zum Hohn liefen im Hintergrund weiter die Modefotografien der beiden Männer über den Flatscreen.

»Die Kameras eingeschaltet lassen«, rief der Moderator seinen Kameraleuten zu. »Zeigt die Mädchen.« Und schon schwenkte eine Kamera herum und wurde direkt auf mich gerichtet.

Es gibt viele Girls wie dich, die uns die Bude einrennen. Eine ist sogar erst 13 und heiß wie ein Lötkolben. Die empörten Rufe aus dem Publikum wurden immer lauter. Mick versuchte, Donna die Box wegzunehmen und warf sie fast um. Aber einer der Kabelträger, ein junger muskelbepackter Kerl, ging dazwischen und Mick brüllte ihm Flüche entgegen, die von der Menge niedergebuht wurden.

Bekomme ich denn keinen Vertrag?, sagte die Schauspielerin Kim.

Wie bitte?

Einen Vertrag.

Natürlich bekommst du keinen Vertrag. Da machen wir uns doch strafbar.

»Zeigt auch die anderen«, rief der Moderator.

Und da wurde es heller im Studio und die Kamera schwenkte von mir weg über die Zuschauerreihen. Mindestens sieben ängstlich blickende *Wounded Worriers* hatten sich erhoben und standen schweigend an ihren Plätzen wie Mahnmale. Es waren also doch noch einige Mädchen gekommen. Und ohne eine Absprache zeigten wir alle gleichzeitig auf Mick, mit unseren nackten zarten Zeigefingern, die plötzlich, durch die

Ausrichtung auf ihr gemeinsames Ziel, kraftvoller waren als jede Männerfaust.

»Sie werden gerade Zeugen einer gewaltigen Anklage«, sagte der Moderator direkt in eine der Kameras. »Ungefähr zehn junge Frauen, die sich offensichtlich unter die Zuschauer gemischt haben und sich *Wounded Worriers* nennen, sind gerade aufgestanden, um ihre Stimmen zu erheben. Donna?« Er wandte sich Donna zu, die immer noch den Lautsprecher in die Höhe hielt, obwohl kein Ton mehr herauskam. »Sind Sie auch eine von ihnen?« Er hielt ihr das Mikro vor den Mund, aber sie sagte nichts, ließ nur langsam den Arm sinken und hielt die Box fest wie einen starken Arm von Theo. »Gehören Sie auch zu den *Wounded Worriers*?«, versuchte der Moderator es erneut. Donna nickte. Ganz zaghaft zuerst, aber dann entschieden.

»Ja«, sagte sie. Und plötzlich gingen die Lichter an den Kameras aus und die Regie sprach durch die Studiolautsprecher.

»Wir haben die Sendung abgebrochen.«

45

Als wir endlich in Tildas Zimmer saßen, war es schon sehr spät. Die Polizei hatte uns noch vernommen, wir hatten Anzeige erstattet, Mick und Dan hatten uns Backstage beinahe verprügelt, Donna war in Ohnmacht gefallen und von Theo abgeholt worden, der mich nur angesehen hatte wie eine Fremde. Die anderen Mädchen wurden von Jella noch mit den restlichen T-Shirts ausgestattet und zu einem Treffen in der kommenden Woche eingeladen. Tilda und ihre Eltern hatten Flyer an die Studiogäste verteilt, auf denen unter unserem Foto für den Hashtag #notyourgirl und den Instagram-Kanal geworben wurde, auf dem sie sofort nach der Talkshow einen Link zu dem Video unserer Aktion hochgeladen hatte. Vor dem Studioeingang hatten uns Reporter in die Mangel genommen und Tildas Vater war mit einem großen Taxi gekommen, um uns zu *retten*. Er hatte es schon vor der Sendung bestellt, in weiser Voraussicht.

Wir ließen uns erschöpft auf Sofa und Sessel fallen und schwiegen erst einmal. Jede von uns brauchte ein paar Minuten ganz für sich. Unsere Leben hatten sich gerade für immer verändert. Ab jetzt waren wir *die missbrauchten Mädchen aus der Talkshow*, die naiv an eine Modelkarriere geglaubt hatten und ausgenutzt worden waren. Die Neuigkeit würde sich wie ein Lauffeuer im Netz verbreiten, mit unzähligen Kommentaren versehen werden, die nicht absehbar waren. Aber wir waren auch die *Wounded Worriers*, verwundete Kriegerinnen, die sich das Unrecht nicht mehr gefallen lassen wollten. Wir hatten uns getraut, das Unsagbare öffentlich zu machen, stellvertretend für viele Tausend Frauen und Mädchen, die nicht den Mut hatten, *Nein* zu sagen, die mit ihrem Leid allein waren und sich schämten. Aber was passierte jetzt mit Donna? Sie war schon vor unserem *Aufschrei* eine öffentliche Person gewesen und von uns vollkommen überrumpelt worden. Sie war ungewollt *das Gesicht* unserer Kampagne geworden und wohl nicht mehr lange das einer berühmten Parfümmarke. Aber wie auch immer es weiterging: Wir hatten es getan! Wir waren aus dem Dunkel herausgetreten, hatten dem Schattenmonster den Stinkefinger gezeigt und uns getraut. Ich konnte es immer noch nicht glauben. Unter meiner Haut vibrierte es wie von kleinen Stromschlägen.

»Mädels«, rief Tilda, »das war DER WAHNSINN!« Sie lachte. »Das hat ja noch viel besser geklappt, als vermutet. Mensch. Ich fasse es nicht. Da waren *doch* noch sieben Mädchen von der Pussy-Liste. Uuuuund DONNA.« Sie warf sich zurück in das Sofa und wühlte in ihren Rasta-Haaren. »MEIN GOTT!!! DONNA! Sie hat etwas Unfassliches getan. Hättest du ihr das zugetraut, Kim?«

»Nein. Ich glaube, sie sich auch nicht. Das war einfach dieser Moment. Sie hat nicht mehr nachgedacht.«

»Mensch, die wird jetzt ganz schön belagert werden.« Tilda blickte mich zerknirscht an.

»Ja. Und ich weiß nicht, ob mein Bruder da die besten Ratschläge parat hat. Ich fürchte, er mag keine starke Frau an seiner Seite.«

»*Not his Girl* sag ich da nur.« Jella grinste triumphierend.

Tildas Mutter kam mit einem Tablett herein. Darauf standen vier Gläser Wasser und ein Becher mit Zahnbürsten.

»Eine Runde Eskimo-Flip für unsere tapferen Kriegerinnen.« Sie stellte das Tablett ab. »Wenn ihr wollt, könnt ihr alle hier übernachten.« Sie zeigte auf die Zahnbürsten. Dann ließ sie uns wieder allein.

»Deine Mutter ist echt cool.« Jella verteilte die Gläser und nahm sich selbst eines. Dann stießen wir an.

»Wie werden eure Eltern denn reagieren?« Tilda nippte an ihrem Glas.

»Meine Mutter ist auf Geschäftsreise«, sagte Nana, »die hat wahrscheinlich gar nichts mitgekriegt. Und mein Vater? Keine Ahnung, wo der ist. Wohnt in München mit seiner neuen Familie.«

»Meine Eltern werden sich wieder streiten«, sagte Jella. »Sie sind eigentlich immer geteilter Meinung. Über den Streit vergessen sie mich dann. Hat also auch seine guten Seiten.« Sie blickte mich an. »Und deine?«

»Wenn ich das wüsste. Entweder sie behandeln mich mit Samthandschuhen, wie eine Suizidgefährdete, und verordnen mir eine neue Therapie, oder sie machen mir Vorwürfe, weil ich ihren guten Ruf in den Dreck ziehe oder weil die Nachbarn *etwas denken* könnten. Aber wisst ihr was? Es ist nicht mehr so schlimm. Hauptsache, ich habe euch.« Ich sah die drei Mädchen nacheinander an und spürte eine so große Liebe in mir, dass ich das Gefühl hatte, von innen heraus zu leuchten. Die Eiszeit war vorüber. Mein Herz war aufgetaut und schlug verlässlich, trotz seiner Wunden. Ich würde diese Wunden fortan nicht mehr verstecken müssen, zumindest vor diesen dreien nicht. Wir gaben uns alle die Hände, fühlten die Kraft, die wir zusammen hatten, wussten, dass wir alles ertragen konnten, wenn wir es miteinander teilten.

»Und?« Tilda hielt ihren Kopf schief. »Willst du dich immer noch bei *Perfect Girl* bewerben, wenn du 16 bist?«

»Niemals«, schoss es schneller aus mir hervor, als ich denken konnte.

»Aber Mick wird den Juryjob nun bestimmt nicht bekommen.«

»Das ist es nicht.« Ich sprang auf. »Ich möchte auf keinen Fall einen Job, bei dem ich den Mund nicht aufmachen darf und mir vorgeschrieben wird, wie dünn meine Oberschenkel zu sein haben, bei dem ich behandelt werde wie ein seelenloses Stück Fleisch, bei dem ich Kerlen ausgesetzt bin, die mir Schnitzel an die Brust kleben und mich anfassen, als wäre ich eine Sexpuppe. Vielleicht gibt es viel mehr seriöse Fotografen in der Branche, aber mein Entschluss steht felsenfest. Ich werde nie wieder meinen Mund halten, nie wieder still halten und nie wieder hungern.« Meine drei wundervollen jungen Frauen klatschten und pfiffen. Es fühlte sich an, als sei ich endlich angekommen, durch die Gemeinschaft, bei mir selbst. All die angestaute Bosheit und Düsternis strömte aus meinen Poren und verpuffte lautlos in der innigen Atmosphäre.

»Es ist in den Nachrichten«. Tildas Mutter platzte herein. »Die Tagesthemen zeigen Ausschnitte aus unserem Video.«

Wir sprangen kreischend auf und stürzten zum Fernseher. Micks aschfahles Gesicht in Großaufnahme. Tilda, Nana, Jella, wie sie aufstanden. Das T-Shirt mit dem roten Stiletto. Und ich, wie ich meine Hand ausstreckte und auf Mick und Dan zeigte. Die Kamera fuhr zurück und all die unbekannten Mädchen, die ebenfalls aufgestanden waren, kamen ins Bild.

Eine Gruppe junger Mädchen, die sich Wounded Worriers nennen, hat heute in einer Live-Talkshow zwei bekannte Modefotografen des sexuellen Missbrauchs bezichtigt. Eine von ihnen, das Model Donna Kowalski, bisher erfolgreichste Siegerin der Casting-Show Perfect Girl. Sie brach nach der Sendung zusammen und wird psychologisch betreut.

Donna wurde gezeigt, wie sie die Lautsprecher-Box in die Höhe reckt, und Mick, wie er von dem Techniker zurückgehalten wird.

Die beiden Männer werden zur Zeit von der Polizei verhört. Ihnen drohen lange Haftstrafen.

Wir fielen uns in die Arme und drückten uns fest. Dann sah man diverse Kamerateams vor verschiedenen Hauseingängen.

»Donnerwetter«, sagte Tildas Vater. »Da war ja unsere Haustür.« Er blickte aus dem Fenster. »Wer die Marktstraße noch nicht kannte, jetzt wird er sie kennen.« Wir sahen auch hinaus. Vor dem Hauseingang drängten sich tatsächlich mehrere Kamerateams. »Wo wohnt denn Donna?«

»In Eppendorf, mit meinem *berühmten* Bruder zusammen. Mann, wird der stinkig sein.«

»Ist doch 'ne gute Publicity, so eine taffe Frau zu haben.«

»Ich glaube, das sieht er nicht so.« Ich dachte daran, wie Theo die Verlobung verkündet und wie unglücklich Donna dabei ausgesehen hatte. Ich blickte auf mein Handy und öffnete ihren Insta-Kanal. Die Kommentare unter ihrem aktuellen Bild explodierten.

Danke, danke, danke, stand da. Auch mir als male-Model erging es ähnlich. Ich war erst 17 und wusste nicht, wie ich reagieren sollte. Deshalb habe ich nichts gesagt. Aber es verfolgt mich bis heute. Es ist das erste Mal, dass ich davon berichte. Danke.

Donna, du bist eine Heldin.

Endlich traut sich eine, über das Unsagbare zu sprechen. Mir ist es bei xy ähnlich ergangen und ich schäme mich unsäglich.

Ich bin so stolz auf dich, Donna. Und ich möchte mitteilen, dass es mir ähnlich erging wie dir. Danke, dass du uns eine Stimme gibst.

Manche schilderten detailliert, was ihnen bei diversen Fotografen widerfahren war, andere bedauerten Donna oder sprachen ihr Mut zu. Es gab kaum einen negativen Kommentar und die Followerzahl stieg rasant in die Höhe. Tilda blickte mir über die Schulter.

»Ruf mal unseren Kanal auf.«

Auch auf @WoundedWorriers war die Hölle los. Ich scrollte durch Mitleidsbekundungen, Aufrufe zum Kampf und Danksworte. Einige Kerle hatten schlüpfrige oder beleidigende Nachrichten hinterlassen, natürlich anonym, aber es berührte mich nicht. Die vielen positiven Rückmeldungen überwogen bei Weitem und ich fühlte mich als Teil eines großen Netzwerks, das sich in Windeseile ausbreitete und sich um die Täter zusammenzog wie eine Falle. Es war unglaublich. Da blieb mein Blick an einem Kommentar hängen, von @ViviVolverine. Das war Vivis Insta-Name. Den hatte ich ihr verpasst, weil sie so ein Vielfraß war. Es gab nichts, was sie nicht mochte. Der Kommentar begann mit vier Herzchen.

Ich bin so stolz auf euch ... und auf eine ganz besonders. Dann eine Raupe, ein Sternenwirbel und ein Schmetterling.

Eine warme Welle schwappte durch meinen Körper. Und mir wurde klar, dass ich die Verwandlung, von der ich die ganze Zeit geträumt hatte und von der ich dachte, dass sie durch einen Sieg bei *Perfect Girl* geschehen würde, wenn alle Welt mich für meine Schönheit bewunderte, dass diese herbeigesehnte Verwandlung soeben geschehen war. Und zwar allein in mir drin. Die ganze Zeit war ich schon *gebündelter Elfenstaub* gewesen, der nur verborgen geblieben war. Wie bei einer Raupe, die sich nun zum Schmetterling entpuppt hatte. Ja, ich hatte mich aus mir selbst freigelegt. Aus all dem Schutt, der mein Herz begraben hatte, war mein wundervolles Selbst wie ein Phönix auferstanden und glänzte in seiner vollen Pracht. Und tatsächlich lag es nicht daran, dass die Haare so blond und lang, die Taille und die Hüften so schmal oder die Augen so geschwungen waren. Ich war schön, weil ich unperfekt und liebenswert war, weil ich Wunden hatte und bandagierte Flügel. Und weil ich den Mut gehabt hatte, all das zu zeigen. Zum ersten Mal liebte ich das, was ich war, egal, wie andere mich fanden. Ich war nicht mehr zu jung für das wahre Leben. Ich war das Leben selbst.

Annette Mierswa war bereits für Film, Theater und Zeitung tätig und arbeitet heute als freie Autorin in Hamburg. Ihre Kinderbücher wurden in mehrere Sprachen übersetzt, mit diversen Preisen ausgezeichnet und „Lola auf der Erbse" auch verfilmt. Annette Mierswa hat ein Stipendium des deutschen Literaturfonds erhalten und bietet Lesungen und Schreibworkshops an. Sie hat zwei Hamburger Jungs.

Hier findest du Hilfe:
Hilfetelefon (bundesweit, kostenfrei und anonym, in vielen Sprachen):
08000 116 016

Kummer-Chat:
https://kummerchat.com
Chat gegen Kummer und Sorgen. Ohne Anmeldung, kostenlos und anonym.

Beratungsstellen in deiner Nähe finden:
https://www.hilfeportal-missbrauch.de/hilfen-fuer-betroffene-jugendliche.html

Sehr umfangreiche Infoseite zum Thema sexueller Missbrauch:
www.zartbitter.de